Venedig
Von Freiheit und Illiberalität

Christoph Lanzendörfer

© 2022 auch aller Bilder: Dr. Christoph Lanzendörfer
Herstellung und Verlag: BoD – Books on Demand, Norderstedt
ISBN: 9783756224746
Printed in Germany

Venedig

Von Freiheit und Illiberalität

Ein Essay

Christoph Lanzendörfer

Für die fantastische

Fantasievolle

„Sire, nun habe ich von allen Städten gespro-
chen, die ich kenne."
„Da ist noch eine, von der du nie sprichst."
Marco Polo senkte den Kopf.
„Venedig", sagte der Khan.
Marco lächelte. „Wovon dachtest du denn, dass
ich dir gesprochen hätte?"
Der Kaiser zuckte nicht mit der Wimper. „Doch
hörte ich dich nie den Namen aussprechen."
Und Polo: „Jedesmal, wenn ich dir eine Stadt be-
schreibe, sage ich etwas über Venedig."
Italo Calvino: Die unsichtbaren Städte (1984, S.
100)

Der Anfang Venedigs liegt weit entfernt vom Stand-
ort. Im Gefolge dessen, was die Völkerwanderung
genannt wird (Meier, 2020, spricht in seinem monu-
mentalen Werk immer nur von „Völkerwanderung"),
bildete sich später in der Lagune der nördlichen Adria ein Gemeinwesen mit festen sozialen und ethi-
schen Werten heraus. Die Geschichte der Stadt, ihre
politische Ausrichtung, die sich auf den Gründungs-
mythos bezieht, auch ihre Entwicklung von der frü-
hen Handels- über eine Kunst- in der spät- und nach-
republikanischen Zeit bis zur aktuellen Touristikmet-
ropole, aber natürlich ganz besonders ihre Lage und
die Art des Lebens dort sind fast beispiellos.

Fundamente in eine Gegend ohne Fundamente, nämlich eigentlich ins Wasser, zu legen, muss überaus tollkühn erscheinen. Dennoch hat sich die Stadt

erstaunlich lange gehalten: Nach der mythisch belegten Stadtgründung am verregneten (das wird immer betont) 25. März 421 durch die Grundsteinlegung der

Abb. 1, San Giaccomo mit der großen Uhr heute

Kirche San Giaccomo auf dem jetzigen Rialto-Markt kam es zur Wahl des ersten Dogen 697. Zwischen dieser Wahl und der Abdankung des letzten Dogen 1797 liegen genau 1.100 Jahre. Kaum ein europäisches Zentrum hat sich über eine so lange Zeit dermaßen stabil gehalten.

Das hat seinen Grund in einer einzigartigen Konstellation der rechtlichen und wirtschaftlichen Besonderheiten. Und natürlich auch in seiner Lage quasi als Insel. Vor einem geschichtlichen Rückblick versuchen wir die geographischen Besonderheiten Venedigs anzureißen.

Venedig ist doppelt angelegt: Einmal als Straßennetz, zum anderen als Netz von Kanälen. Sie haben miteinander nichts zu tun, existieren im Prinzip neben einander. An diesen unterschiedlichen Netzen lässt sich erkennen, dass Venedig nicht, wie manche meinen, im Wasser gebaut und auf Pfähle gesetzt wurde: Venedig besteht aus über 100 Inseln. Fliegt man vom Flughafen Marco Polo nach Hause Richtung Alpen, so kann man beim Anstieg rechts unter sich eine Ahnung davon bekommen, wie Venedig vor tausendsechshundert Jahren ausgesehen haben mag: Kleine Landflächen inmitten eines Gewebes kleiner, wuseliger Kanäle. Diese Inseln waren die ersten besiedelten Flächen, vergleichbar vielleicht den Marschinseln der Nordsee, den Halligen. Erweitert wurden die Inseln später durch vorgesetzte Pfähle, der Raum zwischen dem natürlichen Ufer und der Pfahlmauer wurde mit Schlamm und Erde aufgeschüttet. Größere Bauten lagerten dann komplett auf in die Erde gerammten Pfählen, die aufgrund des Luftabschlusses nicht faulen konnten. Mancuso (2009, Abb. 13, nach S. 62) illustriert dies mit Abbildungen aus dem 19. Jahrhundert.

Die Verschiedenartigkeit der Wege und den Ursprung der Stadt auf kleinen, von einander unabhängigen Inseln bemerkt heute jeder Tourist an den Folgen ungenügender Vorbereitung mit der Geschichte der Stadt: Oft steigt man über eine Brücke auf eine andere Insel, der vorhin begonnene Weg wird aber

umgeleitet und biegt scharf in eine andere Richtung oder aber der Weg endet gleich als Sackgasse direkt vor einem kleinen Kanal: Die gegenüber dem Kanal liegende Insel brauchte den

Abb. 2. Vorsicht: Hier endet ein Weg in einem Kanal

Weg gar nicht. Gehen wir an der Rückseite des Biennale-Geländes in Castello Richtung Sant'Elena, so müssen wir eine Treppe mit sechs Stufen auf eine Brücke gehen - um dann auf der anderen

Abb. 3 Brücke nach Sant'Elena: Von rechts gehts es 6 Stufen hoch, links geht es geradeaus weiter.

Seite direkt ohne weitere Stufen einfach geradeaus weiterzugehen. So gravierend kann schon der Höhenunterschied zwischen den einzelnen Inseln sein. Jeder Weg in Venedig ist einmalig und damit persönlich. Das ist wörtlich zu nehmen: Auch wer glaubt, sich gut auszukennen im „Venedig als Labyrinth" (Bianchi, 2018), schafft es kaum, einen eingeschlagenen

Weg genau noch einmal zu gehen. Ich jedenfalls schaffe es nicht.

Eben Aglaia Bianchi führt in ihrem Buch (S. 237) ein Interview mit der Dichterin (und 2014 Venedig-Stipendiatin des Kulturstaatssekretärs) Eva Christina Zeller, die bemerkt: „Ich würde gerne wissen, ob ein Mensch, der in Venedig aufgewachsen ist, eine andere Gehirnstruktur aufweist und wie er sich innerlich und äußerlich orientiert."

Denn es herrscht noch ein Problem: Die Hausnummerierung. Wie in manchen kleineren Dörfern sind die Hausnummern nach dem Baujahr des Hauses gewählt. Zudem gibt es (bis auf den Stadtteil Sant'Elena in Castello) keine postalisch zuzuordnenden Straßenbezeichnungen, die der Orientierung dienlich wären. Alle Häuser tragen den Namen ihres Stadtteils und sind dann nach einem undurchsichtigen Verfahren durchgezählt. So suchen wir eine Adresse „San Marco 3745" und glauben uns in der Nähe des Ziels, wenn wir über einem Türbogen die Zahl 3743 sehen. Das Ziel kann aber weit entfernt sein. Man sagt, dies sei auch der Grund der durchweg niedrigeren Lebenserwartung venezianischer Postzusteller gegenüber ihren Kollegen im übrigen Italien.

Nur in Sant'Elena gibt es Straßenbezeichnungen mit Hausnummern. Das hängt damit zusammen, dass diese Gegend erst nach 1806, im Gefolge der napoleonischen Maßnahmen, drainiert und bebaut wurde. Vorher war das Gebiet eher morastig. Beliebter Nebenaspekt venezianischer Politik: Bis ebenfalls 1806 war auch die Hauptkirche Venedigs *San Pietro in Castello* ganz am anderen Ende Venedigs (heute in der Nähe des „Stadio Pierliugi Penzo" des FC Venedig), der Markus-Dom war die „Privat-Kapelle" des Dogen. So war der Patriarch weit entfernt von der politischen Macht und hätte durch Matsch und Schlamm zum Dogen waten müssen. Denn auch wenn Venedig sehr katholisch war: Zu viel reinreden sollte die Kirche nun auch nicht. Man sieht es daran, dass die von den Päpsten vehement geforderten Inquisitionsgerichte in Venedig erst gar nicht und später mit heftiger staatlicher Einmischung eingerichtet wurden. Oder daran, dass der Klerus ab 1178 komplett von der Macht und sogar den Teilnahmen an den Wahlen zum Dogen ausgeschlossen war. Ganz getreu der alten venezianischen Maxime: **Prima Veneziani, poi Cristiani!** (Zuerst Venezianer, dann Christen). Erst 1807 wurde der Markus-Dom Sitz des Patriarchen, seine Residenz liegt jetzt gleich daneben auf der *Piazzetta dei Leoni*. Damit entfiel auch das durchaus lästige Treffen am „weißen Stein": Aus Gründen des Schutzes vor Gesichtsverlust trafen sich Doge und Patriarch weder in den Räumen des Dogen-Palastes noch in denen der Kirche, sondern auf einem Weg ein Stück vor San Pietro an einem Platz, der mit einem weißen Stein markiert war (einen

Nachfolger dieses Steins gibt es heute noch). Zudem hatte Venedig noch von Byzanz das Recht zugesprochen bekommen, Priester selbst zu ernennen und zu weihen - dieses Recht wurde erst 1985 aufgelöst (Scandaletti, 2015, S. 130). Dennoch waren viele venezianische Patriarchen Päpste, zuletzt Giuseppe Roncalli als Papst Johannes XXIII und Albino Luciani als Johannes Paul I. Letzterer hatte in Venedig die korrupten Machenschaften der Vatikanbank aufgedeckt und ließ ab dann die Konten des Bistums über die kleine Lokalbank Banco San Marco laufen (die allerdings auch 1995 aufgegangen ist in der Banca Popolare di Milano - übrigens kein Tippfehler: *Banca* und *Banco* existieren nebeneinander als Bezeichnung für Bank). Heute noch findet man immer frische Blumen unter den Tafeln dieser beiden Päpste am Sitz des Patriarchats (s.a. Galavotti et al., 2012). Möglicherweise, so diskutieren es jedenfalls Yallop (1984) und Cornwell (1989), starb Johannes Paul I nach 33 Tagen Pontifikat keines natürlichen Todes, sondern dieser gradlinige Mann wurde von den Mafiosi um die später aufgelöste Vatikan-Bank umgebracht.

Wege und Kanäle haben in Venedig ihre eigenen Namen. Es gibt eine einzige Straße, die *Strada nova* vom Bahnhof in Richtung Rialto-Markt, die erst nach dem Bau des Bahnhofs relativ brutal durch Abreißen im Weg stehender Häuser angelegt wurde (wie ja auch der Bahnhof auf den Fundamenten der Kirche Santa

Lucia ankert, deswegen die pietätvolle Bahnhofsbe-zeichnung *Venezia SL*. Lucia ruht nun in San Geremia an der Abbiegung des Canal grande zum Canal di Canneregio), und wenige *vie*. Andere Wege heißen in Venedig *calle*, ein nur für Venedig vorbehaltenes Wort für Straßen oder Gassen (Im „Großwörter-buch" von Giacoma/Kolb steht als Bezeichnung für calle: *vicolo di Venezia*). Es gibt nur zwei Kanäle in Ve-nedig, die auch diese Bezeichnung tragen: den *Canal grande* und als zweitgrößten den *Canal di Cannare-gio* (der *Canal di Giudecca* ist gar kein Kanal, sondern Teil der Lagune), die anderen Wasserwege heißen rio, Pl. rii. Etliche dieser Wasserwege wurden aus verschiedenen Gründen zugeschüttet und zu Stra-ßen ausgebaut, die *rii terrà*. Mancuso (2009, S. 20) nennt als eine der Begründungen hygienische Maß-nahmen: „di migliorare le condizioni igieniche della città" („um die städtische Hygiene zu verbessern"). Oft wurden, erstmals in der Stadt, in dem dann neu gewonnenen Weg Bäume gepflanzt, so z.B. an der Via Garibaldi (in Castello, wo ein Teil des Rio di Sant'Ana zugeschüttet wurde) und ganz besonders der Rio terrà Foscarini quer über den Stadtteil Dur-soduro zwischen der langen Promenade Zattere bis zum Canal grande neben der Accademia-Brücke. Die Bäume sind so charakteristisch, dass sich ein Hotel (mit einem richtig guten Restaurant) dort *Agli albo-retti* nennt („Zu den Bäumchen"). Ein neuer Fluss wurde durch Umbaumaßnahmen auch gewonnen, der *Rio novo*, der dem Canal grande entspringt, in einem Knick umfährt und etwa auf der Höhe des Busbahnhofs an der Piazzale Roma am Giardino Papadopoli wieder in den Canal grande mündet. Er ist das flusstechnische Gegenstück zur Strada nova und sollte den Verkehr mit dem neugegründeten Bahnhof bündeln.

Da der Platz in einer Weise begrenzt war, die einfaches Neugewinnen nicht möglich machte, musste sorgfältig mit dem Vorhandenen umgegangen werden. Zudem waren die z.T. gigantischen Palazzi auch von einem immensen Gewicht, das berücksichtigt werden musste. So weisen die Palazzi auf der Eingangsseite, also meist den Kanälen zugekehrt, eine auffallend repräsentative Fassade auf, während die Rückseiten in der Regel aus einer schlichten Mauer bestanden. Die Kultur großer Fenster fand in Venedig auch aus diesen Gewichtsgründen schnell Anhänger. Allerdings stelle ich mir vor, wie ich bibbernd an einer klirrekalten Winternacht etwa 1570 hinter solchen Fenstern gehockt haben mag. Natürlich gab es auch Veränderungen in der Innengestaltung. Wir sehen an vielen Campi die Entwicklung im Laufe der Zeit. Der *Campo Santo Stefano* zum Beispiel ist einer der merkwürdig geformten Campi: Lang gestreckt mit je einer Kirche an den Enden. Die Lage und die Ausgestaltung des Platzes lässt daran denken, dass es sich früher um zwei Plätze gehandelt haben musste (vergl. Huse, 2008). Santo Vitale (ven.: San Vidal) war eine Kirche mit Ursprüngen um 1084 mit einem Vorplatz hin zum Canal grande. Auf der anderen Seite war die Kirche Santo Stefano eine mittelalterliche Gründung, bewusst als Strategie aufgefasst, auch (damalige) Randgebiete zu besiedeln. Früher war der Vorplatz der Kirche der eigentliche Campo S. Stefano. Dann baute die Familie Loredan zwischen beide Kirchen einen Palast, der zwar die Rückseite zu einem kleinen Kanal aufwies, die Prunkseite aber auf den Campo zeigte. Was vielleicht etwas weniger auffällig war: Ursprünglich gab es auf der heutigen Eingangsseite gar keinen Eingang, der lag nach hinten hinaus zum Kanal. Die aktuelle Ver-

Abb. 4, Palazzo Loredan auf dem Campo S. Stefano. Der neue, architektonisch völlig missratene Eingang befindet sich unter der Fenstergalerie linke Seite.

sion des Palazzo zeigt mittlerweile einen architektonischen Missgriff: Die Loggia ähnliche Fensterfront wurde bis auf einen Eingang peinlich schlicht fest vermauert. Auf diese Weise bildet dieser Palazzo eine Klammer zwischen „beiden" Campi.

Ähnliche Veränderungen gibt es an vielen Plätzen (z.B. Campo Santa Margherita), so dass die eigentlich natürlich bedingte Raumenge Venedigs doch immer wieder aufgebrochen worden war. Venedig konnte nicht durch schlichte Erweiterung des Gebiets wachsen, sondern durch ein enges Zusammenrücken.

Es gibt nur eine *Piazza* in Venedig: Die Piazza di San Marco, zwei *Piazzette* neben der Piazza, aber eine Vielzahl kleinerer Plätze, die Campi. *Campo* („Feld") muss man sich wörtlich vorstellen: Es war zu Beginn ein begrünter Platz, auf dem Tiere gehalten und die zum Anbau von Gemüse genutzt wurden. Die steinern ausgelegten Campi wurden erst mit dem Verdrängen von Holz durch Stein als Baumaterial üblich. Das

Abb. 5 Ein Sottoportego

Leben selbst fand dann meist in den Innenhöfen der Gebäude, den *corti*, statt. Abkürzungen zwischen Campi sind die *Sottoporteghi*, Unterführungen unter dem ersten Stock eines Wohnhauses hindurch. Vorsicht: Man muss schon den Kopf einziehen, sie sind oft beulenschenkend und ungleichmäßig niedrig (ich weiß, wovon ich mit 1,92 m Größe rede).

Wichtig ist für das Überleben in einer von Salzwasser umgebenen Stadt die Versorgung mit Trinkwasser.

Deshalb gibt es auf jedem Campo mindestens eine dieser Zisternen, *pozzi*, die heute noch zu sehen sind. Wenn sie nicht allein von Regen gefüllt wurden oder die ersten Entsalzungsanlagen (das in einem speziellen Behälter gesammelte Regenwasser wurde durch Sand gefiltert und dann über poröse Steine zur Nachfilterung in einen *pozzo* geleitet, Kretschmayr, 1905, S. 74) nicht ausreichende Mengen ergaben, mussten eigens dafür vom Staat angestellte Wasserträger, *aquaroli*, morgens in Richtung Brenta fahren und dort in riesigen Kübeln Trinkwasser holen, das sie dann in die leeren Pozzi füllten. Denn alle, jeder Venezianer und jede Venezianerin, hatten Anspruch auf sieben Liter Trinkwasser täglich. Für diese harte Arbeit wurden die aquaroli auch genauso geachtet wie diejenigen, die in anderer Position der Gemeinschaft dienten.

Die räumliche Gliederung Venedigs zeigt, dass die Stadt keine römische Gründung gewesen sein kann. Die italienischen Städte, die aus römischen Heerlagern entstanden, weisen die militärische Organisationsstruktur von *Zenturationen*, im urbanen Bereich von Quartieren, also (Stadt-)Vierteln auf. Das ist in Venedig anders, wie übrigens auch in Venedigs ewiger Konkurrentin Genua. Dort ist die Stadtstruktur in Sechstel, ven.: *Sestiere*, gegliedert. Jeweils drei liegen nördlich: Cannaregio, San Marco und Castello, und südlich des Canal grande: San Croce, San Polo und Dorsoduro. Die Namen weisen schon auf Signifikantes in den Ortsteilen hin: Cannaregio, das „Schilfreich" (*canna*: Schilf oder Rohr), zeigt, was früher dort wuchs. In Castello befand sich auf der jetzt nicht mehr vorhandenen Insel Olivolo ein bewehrter Turm, ein Kastell also. Und Dorsoduro, „Hartrücken", hat als einziger Stadtteil Venedigs einen deutlich festeren, fast steinigen Boden. Deswegen war für Dorsoduro auch der Name Scopula: „perchè era una lunga striscia di sodo e argilloso" („vielleicht weil es ein langer Streifen von festem und lehmigem Boden war." Distefano, 2014, S. 19) in Verwendung. Die Sestieri waren die wirklichen Heimatgründe der Venezianer, oft hört man heute noch von Wirten, die nie außerhalb der Straße ihrer Gastwirtschaft gewesen waren, die nie den Markusdom gesehen oder die Luft eines anderen Stadtteils geschnuppert hatten. Die Stadtteile hatten ebenfalls einen „landsmannschaftlichen" Zusammenhalt, sei es im Krieg, im Warenverkehr oder im Rahmen früher häufig vorkommender Schlägereien im Gefolge der „intersestierialen" Verständigung. Innerhalb der Sestieri gab es Pfarrgemeinden, Contrade oder Parocchie (in unterschiedlichen Schreibweisen), die schon immer das Recht auf die Wahl ihres eigenen Pfarrers hatten. In Venedig bestimmte nicht der Erzbischof (Patriarch), sondern die Gemeinde den Pfarrer. Die Besetzung der leitenden Positionen auch in der Kirche Venedigs waren immer heftige Streitpunkte zwischen Kommune und Kurie gewesen, z.T. mit Mordversuchen (Paolo Sarpi) oder Kriegen.

Abb. 6 Gheto oder Ghetto

Die Schreibweisen sind ohnehin ein eigenes Thema. Eine reguläre Rechtschreibung gab es früher nicht, so dass wir z.B. *geto*, *gheto* oder *ghetto* als Beschreibung des gleichen Ortes finden.

Aufgrund des außerordentlich regen Handelsverkehrs gab es natürlich auch Kontakte zu vielen Kulturen und Sprachen. Das heute noch gesprochene Veneziano ist ein Gemisch aus Italienisch, slawischen Elementen und einigen griechischen Anleihen. Offensichtlich ist auch das Z nirgendwo so beliebt wie in Venedig: Das weiche G wird oft zu einem harten Z: Die Kirche „Giovanni e Paolo" wird zusammengefasst zu *Zanipolo*, Gianni Carlo wird dort *Zancalo* gerufen, Gianetta hört auf *Zanetta*, die Giudecca wurde zur *Zuecca*. Und gleich doppelt trifft es Giorgio (als Vor- oder Nachname): Er wurde zu *Zorzi*. Eine weitere Geschichte für sich ist der Gebrauch des X, gesprochen wie ein weiches S: *Fegato alle Venexia* ist die Leber venezianischer Art, das *che* ist im Venezianischen *xe*. Und die für das Italienische typischen Endvokale verschwanden auch häufig oder wurden weggenuschelt

(was auch heute noch manche Verständigung er-
schwert): Aus canale wurde canal oder die Trevisano
wurden zur Familie Trevisan. Andererseits wurden
insbesondere nach der österreichischen Besatzung
auch deutsche Worte *vervenezianisiert*: Der mit Soda
vermischte Wein, in Österreich der *G'spritzte*, ist
weltweit als *Spritz* bekannt (zur weit sichtbaren Ge-
tränke-Trennung den österreichischen Militärange-
hörigen gegenüber mit einem Schuss eines gefärbten
Bitter vermischt: Anfangs *Campari*, nach dem Kon-
kurrenz-Erfolg der ureigen venezianischen Gründung
des *Select* erfand die Firma Campari ab 1919 einen
etwas weniger bitteren Bitter, den süßlich schme-
ckenden *Aperol*, zur Un-
terscheidung zu den blut-
roten Campari und Select
nun orange eingefärbt.
Tipp: mal einen „Spritz
misto" trinken, als Grundlage zu Prosecco und Was-

Abb. 7 Dreimal Spritz: v.l.n.r.:
all'Aperol, bianco, al Select

ser Aperol und Select gemischt). Auch die österrei-
chische Abschiedsformel „Gehorsamster Diener"
oder latinisiert als Sklave „Servus" (Peter Alexander:
„Sag beim Abschied leise Servus") wurde über die ve-
nezianisierte Form *schiave* zu *ciao* - ein Top-Bestsel-
ler internationaler Kommunikation.

*

Die ehemalige römische Hafenstadt Adria gab dem Mare Adriaticum seinen Namen. Heute liegt sie 25 km entfernt vom Meer: Mittlerweile ruht sie im Po-Delta, nördlich von ihr fließt auch die Etsch ins Meer. Beide Flüsse haben im Laufe der Jahrhunderte unendliche Menge von Schlamm und Gestein aus den Alpen angeschwemmt (Kretschmayr, 1905, S. 4, spricht von 40 Millionen m³ - jährlich!), so dass sich das Land weit ins Meer hinausgestreckt hat. Ähnlich müssen wir uns die Veränderungen nördlich davon vorstellen. Die Laguna di Venezia wird gespeist von Flüssen zwischen der kleinen Sile (sie entspringt etwa bei Treviso und ist nur 95 km lang) und der größeren Brenta (der Canal grande ist wohl ein ehemaliger Arm der Brenta) im Süden. Durch Geröllablagerungen hat sich die typische Konstellation ausgebildet, so dass Venedig selbst in einem Becken zu liegen scheint. Durch den Vorschub des Po hat sich auch im Süden noch ein Wall ergeben. Dadurch ergibt sich zwar ein Meeresteil der Adria um Venedig, aber eben eines, das nur bedingt vom Gezeitenwechsel erreicht wird. Ein großer Teil der Lagune, der nördlich von Torcello gelegene, wird nicht mehr von der Tide erreicht und ist hauptsächlich mit Süßwasser gefüllt: Die *laguna morta*, die tote Lagune, während das andere Gebiet die *laguna v*iva darstellt.

Das ist für die Entwicklung Venedigs von Wichtigkeit: Nur ein geringer Teil (etwas über zehn Prozent) der Umgebung Venedigs ist dauernd unter Wasser. Die Meeresfrüchte lassen sich nur in der *laguna viva* bergen. Vermutlich hat das dazu geführt, dass schon sehr früh Fischer der Festlandsküste sich beschwerdearm an den reichen Fischfängen bedienten, ihr Boot an einem in den Schlick gerammten Pflock festmachten und vielleicht auch einmal über Nacht blieben - so beschreibt Scandeletti (2015) die ersten „Venezier". Da war es dann irgendwann fast ein Selbstläufer, dass sich im Gefolge der zwischen dem 4. und dem 8. Jahrhundert eigentlich nie endenden Kriege um die Reste des römischen Reiches Festlandeinwohner in die Lagune auf die ihnen bekannten Inseln flüchteten, das geschah insbesondere nach den Gotenkriegen (ab 408), den Hunneneinfällen (ab 455) und den Auseinandersetzungen mit den Langobarden (zwischen 568 und 639). Insbesondere die Langobardenkriege hatten eine andere Qualität: Im Gegensatz zu den Goten, Vandalen oder Hunnen, die vornehmlich auf Beute aus waren, waren die „Langbärte" aber gekommen, um zu bleiben: Sie suchten nicht in erster Linie Beute, sondern Siedlungsland - und fanden es schließlich auch: Die *Lombardei* zeigt namensgebend heute noch an, wo sie sesshaft geworden waren.

Die ersten Fluchtbewegungen müssen so abgelaufen sein wie überhastetes Fliehen generell: Unter Mitnahme eigentlich nur des eigenen Lebens und Zurücklassung aller Privilegien und Reichtümer. Und diese Menschen trafen dann gemeinsam auf den Inseln der Lagune ein und schufen langsam eine Gemeinschaft. Die folgenden Bewegungen hatten dann schon andere Teilnehmer: Zorzi (1985, S. 21) beschreibt die sich anschließenden Zuwanderungen schon abweichend von den Ursprungsbewegungen: „Es sind nicht mehr bloß einzelne Flüchtlinge oder Familien, es sind organisierte Gruppen, die vom Festland in die Lagune ziehen: zivile und militärische Behörden, kirchliche Ämter, aber auch wohlhabende Bürger, Besitzende und nicht mehr nur Fischer, Schiffsführer, kleine Reeder und Salzsieder wie zu Casiodors Zeiten". Denn dieser Casiodor, Minister Kaiser Theoderichs, hatte noch 538 nach einem Besuch der Lagunenstadt geschrieben: „Ihr nur vom Fisch Abhängigen, Reiche und Arme, lebt in Gleichheit zusammen. Alle ernähren sich von der gleichen Speise und leben in gleichen Häusern; das ist der Grund, warum die einen das Heim der anderen nicht beneiden, und so bleiben sie verschont von den Lastern, welche die Erde beherrschen" (nach Scandeletti, 2015, S. 11). Eigentlich war das Venedig dieser Zeit ein friedliches Paradies.

Ein „Volk der Veneter" gab es nicht. Auch wenn es vielleicht ganz nett ist, wenn sich ein Mythos der Namensgebung auf ein unter Freunden vertraulich zugerauntes *Veni etiam = ich kam auch* stützen mag: Der Name Venetia, später Venezia, hat diesen Ursprung allerdings nicht. Mit „Veneter" wurden in der Antike viele Völker beschrieben, die am Meer lebten. Venetus, lat., heißt azurblau (die *Veneti* waren in den klassischen Wagenrennen der Kaiserzeit „die Blauen"), dieser Begriff verdrängte dann auch im oströmischen Kaiserreich den eigentlich altgriechischen Begriff für blau, γλαυκος, zu βενετος. Deshalb hießen viele Völker am Meer „die Blauen": Veneter. Über Veneter gelangte auch der Begriff „Wenden" für baltische Völker in die Begrifflichkeit. **Die Veneter waren also schlicht die Leute vom Meer.**

Am mittlerweile bekannt regnerischen 25. März 421 soll Venedig durch die Grundsteinlegung der Kirche San Giaccomo auf der südlichen Seite des Rivus altus, später Rio alto und dann zu Rialto zusammengefasst, gegründet worden sein - so sagt es die Fama. Ein auch heute von der Stadt Venedig betontes Datum, eigentlich sollte das 1.600-Jahr-Jubiläum im Jahre 2021 groß gefeiert werden: Die Corona-Pandemie zerstörte auch diese Absicht. Schade.

Die Geschichte Venedigs in Jahreszahlen lässt sich überall schnell oder bei mehrbändigen Büchern auch genüsslich erforschen (s. Bettini, 1998; Distefano: 2014, 2015 und 2021 [erstaunlicherweise heißt seine fünfbändige Geschichte Venedigs: Venezia 1700 Anni di Storia, 421 - 2021. Ich rechne immer noch...]; da Mosta, 2003; Gandini, 2022; Heller, 1999; Kretschmayr, 1905 [eine wunderschöne dreibändige

Ausgabe mit eingeklebten Karten]; Norwich, 1977; Scandaletti, 2015; Zordan et al., 2002; Zorzi, 1985, 1993). Deswegen möchte ich nur die groben Züge der Geschichte referieren und mich lieber mit den Bedingungen beschäftigen, die Venedig zu dem gemacht, was es war und ist. Distefano 2021 hat etwas Tolles geschaffen: Vier seiner fünf Bände sind ein Tagebuch Vene-

Abb. 8, oben: die Kathedrale Aquileias (aber eigentlich wollte ich nur mein rotes Fahrrad mal kurz zeigen), *unten*: dieser kurze Damm trennt Aquileia von Grado.

digs: Jahr für Jahr können wir dort nachschlagen und gerade das für dieses Jahr Wichtige herausfinden, der fünfte Band ist den *Curiosità* Venedigs vorbehalten. „Venezia secolo per secolo" (Distefano 2015) ist die kurze Ferienausgabe für die kleine Reisetasche davon.

Venedig kann 421 gegründet worden sein. Oder 568, als Erzbischof Paulinus von Aquileia ins nur wenige Kilometer entfernte Grado floh und damit auch den dazu gehörenden Stadtteil Castello in die Diözese einbrachte. Damit war auch das sich entfaltende Venedig Sitz eines Bistums. Da Aquileia (und damit Grado) sich auf die legendäre Gründung durch den Apostel Markus berief, erhielt auch das neue Bistum die Bezeichnung Patriarchat - bis heute. Und noch etwas passierte durch diese Flucht: Aquiliea war weströmisch, Grado / Venedig oströmisch verwaltet. Und das hatte für die Entwicklung Venedigs Folgen: Byzanz-Konstantinopel war weit entfernt und hatte kaum Interesse an einer regulären Verwaltung oder gar Beherrschung der Gegend. Es genügte, offiziell dieses Gebiet zu besitzen. Kretschmayr (1905, S. 19) spricht sogar davon: „Das Jahr 568 kann man einzig nennen, will man von einem ‚Geburtsjahre Venedigs' sprechen". Obwohl er sich selbst widerspricht. S. 52 führt er aus: „Jedenfalls aber bedeutet die Errichtung des Bistums Olivolo (= Castello, 820, CL) den ersten Gründungsakt der Stadt Venedig."

640 gründeten die sich sammelnden Venezianer eine neue „Hauptstadt" ihrer noch nicht zusammengewachsenen Inseln (die Häuser waren noch Holzhüt-

ten), die sie *Cittanova* (Neustadt) nannten oder auch zu Ehren des amtierenden byzantinischen Kaisers Heraklios *Eraclea*. Dort blieben sie aber auch nicht lange, sondern zogen nach *Malamocco* auf dem Lido.

Abb. 9: Aktuell relativ ungenutzte Festungsanlagen auf dem Lido etwa in Höhe von Malamocco Richtung Adria.

Im Gegensatz zu den Legenden wurde diese Ortschaft aber nicht von einem Seebeben zerstört, sondern war schlicht kaum zu sichern. Die noch heute bestehenden Festigungsanlagen zum Meer hin gewandt zeigen den gewaltigen Aufwand, der zur Sicherung dieser Flanke betrieben werden musste. Heute gibt es auf dem Lido ein Ortsschild Malamocco, diese kleine Ortschaft in Richtung Laguna, also anders als früher, umfasst eine kleine, sehr ruhige Ansiedlung von Häusern ohne viel Tourismus. Ein weiterer Wohnschwerpunkt war noch Torcello, wo später einmal etwa 10 - 20.000 Menschen gewohnt haben sollen. Wenn man heute auf dieser Insel weilt, fragt man sich: Wo? Abgesehen von den beiden (von einst zwölf Pfarreien!) übrig gebliebenen wunderschönen Kirchen (San Fosca und die Kathedrale Santa Maria Assunta mit herrlichen Mosaiken und einem Campanile, der einen Blick über die Lagune bis Venedig bietet, aber Vorsicht: Es gibt keinen Fahrstuhl), gibt es dort nur wenige bewohnte Häuser. In der schlichten Locanda Cipriani (gehört zu Harry's Bar und dem *****-Hotel Cipriani auf der Giudecca) hat Ernest Hemingway einen großen Teil seines Romans „Über den Fluss und in die Wälder" geschrieben - in vollständigster Abgeschiedenheit, nachts ganz alleine im Hotel. Aktuell wurden bei archäologischen Grabungen Reste eines römischen Hauses aus dem 1. Jahrhundert bei Torcello gefunden.

Die Gründung könnte auch auf das Jahr 697 festgelegt werden, als der erste Dux (später venezianisiert zu *Doge* oder *Dose*) gewählt und durch Konstantinopel bestätigt wurde: Paulinus Odorzo, der später den Beinamen Anafestus erhielt - weshalb, ist nicht bekannt. *Dux* war eigentlich eine militärische Amtsbezeichnung und wurde den örtlichen Militärstatthaltern übertragen. Später entwickelte sich daraus das uns bekannte zivile Amt. Interessant, aber wohl auch nicht unbedingt lebensnotwendig zu wissen: Die *Serinissima Repubblica di Genova* wählte bewusst nach dem Vorbild Venedigs ab 1339 erstmals mit Simone Boccanegra (welch eine mysteriöse Familie: „Schwarzmaul") ebenfalls Dogen. So sehr Genua und Venedig auch konkurrierten: eine sichere politische Ordnung schätzten beide.

An dieser Wahl nahmen die zwölf „apostolischen" Familien Venedigs teil, die die Volksversammlung ausmachten. Sehr viel mehr an Bevölkerung schien tatsächlich noch nicht auf die Laguneninseln gekommen zu sein. Diese Familien gaben auch noch über 1.000 Jahre später den Ton in Venedig an: es waren die Badoer, Barozzi, Contarini, Dandolo, Falier, Gradenigo, Memmo, Michiel, Morosini, Polani, Sanudo und Tiepolo. Anfangs sicherlich handelte es sich um Familien, die nach der Erkenntnis Casiodors alle gleich waren, später finden wir in ihnen aber gerade die Antriebsfedern für den politisch-ökonomischen Aufschwung Venedigs und den ungeheuren Reichtum einiger weniger. Zusammen mit den fast-apostolischen Familien der Candiani und Orseolo stellten sie insgesamt 39 der 120 Dogen, der letzte aus dieser Reihe war Francesco Morosini, der 108. Doge (1688 - 1694), 100 Jahre vor dem Ende der Republik.

Die Gründung könnte aber auch auf 810 datiert werden. In diesem Jahr entschied der Doge Beatus, die Verwaltung auf die Hauptinsel neben dem „tiefen Fluss", dem *rivus altus*, zu verlegen. Es war auf der Kanalseite, auf der heute noch der Rialto-Markt abgehalten wird. Grund dafür war die bereits geschilderte Unsicherheit mit Malamoccos Lage, denn Pippin, der Sohn Karls des Großen, plante ganz Seevenetien dem fränkischen Reich zu unterwerfen. Offensichtlich aber blieben die Franken im Schlick der Lagune stecken, und dann richteten die darauf wartenden Venezier in dieser Unbeweglichkeit ein dermaßen großes Blutbad unter den Franken an, dass der Schauplatz noch heute *Canal Orfano* heißt: Waisenkanal. Er liegt als natürlicher Wasserlauf zwischen der Rückseite der Giudecca an den Inseln San Clemente, Santo Spirito und Poveglia vorbei bis zur Lagunenseite von Malamocco.

Die Geburtsstunde Venedigs könnte tatsächlich dieser Tag gewesen sein, denn so blieb Venedig das dumpfe und jede Entwicklung hemmende agrarischfeudale fränkische System erspart: „Nun wurde Venedig endgültig geboren mit all den Voraussetzungen für seine unverwechselbare Zivilisation" (Zorzi, 1985, S. 33). Di Stefano (2021, Bd. 1, S. 110) bringt es auf den Punkt: „È un momento storico fondamentale. Sembra quasi ripetersi la fuga dai barbari verso la libertà; gli abitanti delle isole periferiche del Dogado ... fuggano verso il centro" („Es ist ein bedeutsamer historischer Augenblick. Die Flucht vor den Barbaren in die Freiheit scheint sich zu wiederholen: Die Bewohner der entfernten Inseln des Gebiets ... fliehen ins Zentrum"). Damit wurde nicht nur wiederholt die Freiheit bewahrt, kein fremdes System übergestülpt und die Zentralisierung der Stadt vorangetrieben. Ab jetzt war Venedig nämlich Teil der Weltpolitik.

Die weitere äußere Entwicklung geht einher mit einer Fülle von Kriegen, diplomatischen Verwicklungen, Fast-Auslöschungen des Staates und einer wirklich außerordentlichen Fülle von Handelsbeziehungen, die aus einer kleinen Inselgemeinde die zwischenzeitlich wohl größte Stadt der uns bekannten Welt gemacht hatten. Zur Blütezeit lebten annährend 175.000 Menschen in der Stadt (heute: weniger als 60.000, die genaue Zahl kann man in der Apotheke auf dem Campo Santa Margherita ablesen, wo sie tagesaktuell in einem Leuchtband erscheint). Das bedurfte auf dem relativ engen Raum nicht nur einer klug ausgeführten Verwaltung, sondern natürlich auch eines inneren Zusammenhalts, so dass es sich dort gemeinsam leben und arbeiten ließ.

Denn wenn auch die äußeren Gegebenheiten an andere Städte oder Ländern erinnern, so sind die inneren Abläufe doch fundamental anders im Vergleich zu der gesamten übrigen bekannten Welt.

Als sich die Flüchtlinge des Friaul oder des heutigen Trentino auf den Laguneninseln der nördlichen Adria festgesetzt hatten, so waren sie stark aufeinander angewiesen. Man kann es auch so sagen: Sie hielten zusammen. Und wunderbarer Weise hatte dieser Zusammenhalt auch Bestand bis zum Untergang der Republik, als Napoleon 1797 Venedig einnahm.

Dieser innere Zusammenhalt zeigte sich natürlich in bedrohlichen Situationen, als sich z.B. in der Liga von Cambrai, die am 10.12.1508 gegründet wurde und in der sich die vier mächtigsten Herrscher des Abendlandes zusammengeschlossen hatten, um Venedig zu vernichten und untereinander aufzuteilen (es gab vertraglich festgelegte Gebietserwartungen): Der deutsche Kaiser, die Könige Frankreichs und Spaniens sowie der Papst (es war Julius II, den Martin Luther den „Blutsäufer" genannt hatte), neben etlichen hoffenden Kriegsgewinnlern. Durch gemeinsame Lastenübernahme, finanzieller und tätiger Art, konnte diese doch eigentlich völlig verzweifelte Lage abgewandt werden und auch durch die Unterstützung der Bewohner der *terra ferma*, des Festlandes vor Venedig, sogar ein Sieg erreicht werden. Dies war mit einer enormen Anstrengung verbunden, zumal erst 30 Jahre vorher schon ein ruinöser Krieg gegen die Osmanen mit dem Friedensschluss von 1479 beendet wurde. Und 1571 musste Venedig noch einmal heftig bei der Seeschlacht von Lepanto bluten: weit über die Hälfte der Verluste bei den Siegern dieses Vielvölkergemetzels hatte Venedig zu beklagen, die Kurie, Spanien und Frankreich (die ehemaligen Gegner) hielten sich schlank. Das Opfer von 4.800 toten Marinesoldaten konnte nur deswegen erbracht werden, weil es ein entwickeltes und kodiertes Einverständnis gab: Wir gemeinsam sind es, um die es geht. Nach der Vertreibung der fränkischen Aggressionsarmee und der Verlagerung des Hauptorts an den Rialto entwickelte sich die Stadt enorm. Bei jeder Entwicklung gibt es notwendigerweise Unterschiede in deren Geschwindigkeit, der Reichtum verteilte sich demzufolge auch unterschiedlich. Aus denen, die Casiodor noch als in jeder Hinsicht gleich erschienen, entwickelten sich unterschiedliche Besitzverhältnisse in einem immensen Umfang.

Wovon konnte Venedig überhaupt leben? Zuerst einmal natürlich als reine Subsistenzwirtschaft: Das, was benötigt wurde, wurde selbst gewebt, geerntet, gefischt, gejagt. Aber auch nicht mehr. Die Campi waren wirkliche Felder, sogar bis 1797 war an der Pizzetta San Marco ein Gemüsefeld (*Broglio,* ven. *brolo*) der Nonnen des nahe gelegenen Klosters San Zaccaria. Größere Gemüsefelder gab es dann in einem gezielten Anbau am Lido Marcenso – bis heute, auch wenn er jetzt Sant'Erasmo heißt (und eine Rolle im Krimi „Stille Wasser" von Donna Leon spielt). Gejagt wurde in den Wäldern, die es früher dort gab, wo heute Porto Marghera und Mestre erbaut sind. Gefischt werden konnte in der gesamten *laguna viva* bis hinauf nach Torcello.

Aber diese Idylle war nach dem Rückzug der Franken auch beendet: Venedig war damit Teil der Weltpolitik geworden. 400 Jahre hatte es sich heraushalten können, jetzt aber musste eine Entscheidung getroffen werden: Wie geht es mit uns weiter? Wenn man nicht weiterhin in das Beuteschema von Gewaltpotentaten fallen wollte, musste sich etwas ändern. Mit Bodenschätzen oder Anbauten bestimmter

Früchte konnte Venedig nicht punkten, Fisch wäre höchstens zum Sofortverzehr geeignet, Ackerbau und Viehzucht fielen aus offensichtlichen Gründen auch aus. Es gab also nur einen Weg, um Mittel für das eigene Überleben zu erwerben: Handel zu treiben.

Anfänglich wird es sich wohl ausschließlich um Salz gehandelt haben, in der flachen Lagune war Salz leicht zu gewinnen, es war auch leicht transportierbares Frachtgut. Daraus entwickelte sich rasch ein Handel mit allem, was handelbar war. Zudem kamen venezianischen Händlern eine zunehmend bessere wirtschaftliche Lage Italiens und Deutschlands (vorerst ihre Hauptpartner), ein vermehrtes Angebot an Handelswaren, die Entdeckung neuer Absatzgebiete und die Entwicklung geeigneter Schiffstypen (Kretschmayr, 1905, S. 75 ff) zugute - wie ja auch die Kogge der Hauptgrund für den blühenden hanseatischen Handel war.

Und in diesem Handel entwickelte Venedig Weltmeisterschaftliches. Um das Risiko der Seefahrten für den einzelnen zu verkleinern, gab es verschiedene Beteiligungsmodelle (*Comende*), so dass es für viele lohnender war, sich an acht Schiffen zu je einem Achtel zu beteiligen als ein ganzes eigenes Schiff auszurüsten. Riskante Geschäfte wären in Venedig nicht goutiert worden, wie z.B. der von Thomas Buddenbrook im Roman von Thomas Mann getätigte Kauf der gesamten Jahreskornernte des fern in Mecklenburg gelegenen Gutes Pöppenrade „auf dem Halm" (also ungeerntet). Dramatisch vernichtete dann ein Gewitter alles: Buddenbrook war ruiniert. „Die schnelle Mark" konnte in Venedig nicht verdient werden. Und auch das anders als bei anderen Ländern: Die gesamte Schiffsmannschaft, Matrosen und Ruderer mit einbezogen, hatten das Recht auf eigene kleine Geschäfte, die sie unterwegs tätigen konnten (meist Kleinigkeiten, die am Ende der Reise schnell verkauft wurden).

Die Geschichte Venedigs lässt sich als eine fast ununterbrochene Folge von Kriegen darstellen. Es waren zum Großteil Verteidigungskriege, natürlich aber auch Eroberungskriege, wobei ganz besonders der 4. Kreuzzug unter der Führung Venedigs gezählt werden muss. Denn der verlief zuerst mit einer Eroberung Zaras an der dalmatinischen Küste und 1204 gar mit der Eroberung und Brandschatzung Konstantinopels. Es war weiß Gott kein gläubiges Unterfangen, was der 90jährige und fast blinde Doge Enrico Dandolo dort leitete (er starb 98jährig 1205). Die Lage Venedigs im Norden der Adria machte es erforderlich, dass die Schiffe auch ohne großes militärisches Geleit sicher fahren konnten. Deshalb waren die Küstenregionen besonders Dalmatiens und Istriens, aber auch Apuliens Ziel venezianischer Gelüste, genauso wie die Einfahrt zur Adria: die Hafenstädte am Peloponnes galten als die „Augen Venedigs". Sie waren Venedigs Sicherheit.

Lässt man diese ewigen Kriege und auch diplomatischen Ränke einmal beiseite (auf diese diplomatischen Scharmützel verstand sich Venedig gut, zu diesem Grunde waren die Venezianer auch die Erfinder von Botschaftern), so hatte Venedig auch existenzielle Probleme: Eine Stadt, mitten im Meer, lebte vom Holz: für die Schiffe, für den Bau der Häuser und zum Verfeuern. Das musste besorgt oder selbst angebaut werden. Und dafür brauchte man Fläche. Die Kämpfe um die *terra ferma*, das Festland vor Venedig (je nach Sicht konnte das bis Bergamo oder auf der anderen Seite auch Triest, mindestens aber Monfalcone reichen) waren auch zur Pflege von Wäldern gedacht. Venedig war somit auch die Erfinderin des Gedankens der Nachhaltigkeit: Die Baumbestände wurden in ein Kataster aufgenommen, gepflegt und nicht vor einer bestimmten Frist gefällt. Für jeden gefällten Baum mussten zwei neue gepflanzt werden. Zuständig hierfür waren *Provveditori*, Vorseher oder Achtgeber – ein schönes Wort, das den Gedanken der Nachhaltigkeit gut umfasst.

Die Provveditori waren aber keine Papiertiger, sondern die meisten waren sich ihrer Aufgaben bewusst. Als nach der Pestepidemie 1630 der Senat gelobte, der Mutter Gottes eine Kirche zu weihen, ende nur die Pest (es wurde die *Chiesa Sante Maria della Salute* oder nur *La Salute*: Die Kirche der Heiligen Maria der Gesundheit), sagten die Provveditori: Nein! Geht nicht! Veto! Denn die dafür benötigten 12.000 Eichenstämme hätten den Waldbestand ruiniert. Die nötigen Hölzer wurden dann zu einem höheren Preis in Ungarn gekauft. „Der Vorgang ist ein Faszinosum: Eine Gesellschaft klärt ihre Prioritäten. Sie stellt ihre spirituellen Bedürfnisse an die erste Stelle, das ethische Prinzip der Vorsorge an die zweite. Alle anderen Gesichtspunkte werden untergeordnet. Diese Prioritäten setzt man um. Koste es, was es wolle!" So schreibt es Ulrich Grober (2013, S. 84) über Venedig in seinem Buch „Die Entdeckung der Nachhaltigkeit".

Abb. 10 Eingang zum Fischmarkt, Steintafel mit der Angabe der Mindestgröße zu verkaufender Fische

Ähnlich ging der Staat Venedig auch mit seinen Fischgründen um. Noch heute ist auf der Pescheria, dem Fischmarkt auf dem Rialto, die Steintafel mit der Angabe der Mindestgröße für zu verkaufende Fische (dargestellt im alten Dialekt) zu sehen. Das Meer sollte nicht überfischt werden, insbesondere junge Fische durften nicht aus dem Bio-System genommen werden. Ein Vorbild, dem die aktuellen riesigen Fischtrawler mit ihren kilometerlangen Schleppnetzen eigentlich nacheifern müssten.

Dass auch die Lagune einer besonderen Pflege bedurfte, war den Venezianern schnell bewusst. Die allgemeine Entschlammung aller Lagunenkanäle wurde durchgeführt, zweimal, 1540 und 1547, wurde die Brenta umgeleitet, weil sie sonst unweigerlich die *laguna viva* zugeschlammt hätte.

Ging Venedig besser mit der Natur um als mit seinen Einwohnern? Nun, an einen Humanismus so, wie wir ihn uns heute vorstellen, war im 5. bis 18. Jahrhundert wirklich nicht zu denken. Trotzdem gab es schon ab Juni 960 durch den ersten überlieferten Regierungsakt des Dogen Pietro Candiano IV ein Verbot des Sklavenhandels (Kretschmayr, 1905, S. 110). Dass dieses Verbot zwischenzeitlich erneuert werden musste, zeigt andererseits, dass es offensichtlich normal war, mit Gefangenen zu handeln - und dass es sich gelohnt haben muss. In der folgenden *parte* (Gesetz) von Candiano gab es auch ein Postverbot durch Private von Lieferungen, die mit dem Schiff befördert werden mussten: Offensichtlich ließ sich Staatspost auch anderweitig zu Geld machen als sie schlicht zu befördern.

Die Armen- und Gesundheitsfürsorge erhielt in Venedig ein großes Gewicht. Seit 1258 waren schon die Ärzte und Apotheker in eigenen Berufsverbänden zusammengeschlossen. Deren Satzungen besagten, dass Ärzte keine Prozente von Apothekern für ihre Rezepte bekommen durften, Apotheker durften keine Medikamente ohne Rezepte ausgeben. Das besagte auch die Medizinalreform Kaiser Friedrichs II von 1231 - diese Trennung zwischen Ärzten und Apothekern gilt bis heute und ist damit die am längsten bestehende gesetzliche Regelung in Deutschland (weitab vor jedem sogenannten Bier-Reinheitsgebot). In Venedig zugelassene Ärzte mussten Arme kostenlos behandeln und unterlagen ansonsten auch einer Höchstpreisverordnung. Das Unglück der einen sollte nicht zum Gewinn von anderen reichen (Zorzi, 1985, S, 190).

Nach der ersten Gründung eines regulären Krankenhauses „recovero per malati, poveri e pellegrini" („als Heim für Kranke, Arme und Seltsame [oder Pilger]". Pellegrino kann in diesem Fall wohl beides bedeuten: Ein Heim auch für psychisch Kranke oder Leute auf dem Durchweg, Distefano 2015, Bad, V, S. 185) schloss sich eine Fülle von Krankenhausgründungen gerade im 12. Jahrhundert an: San Giacomo auf Mazzorbo 1145, San Clemente 1156 (bis zum Gesetz Nr. 218 von 1978 die war San Clemente die Psychiatrie Venedigs, erst in den letzten Jahren wurde

San Clemente zu einer wirklichen Luxusherberge der Kempinski-Gruppe umgebaut), Sant'Elena 1175 und San Lazzaro 1182. Alle waren gerade für die Armenkrankenpflege ausgerichtet. Interessant auch hier die Genauigkeit, mit der Kranke behandelt wurden: Seit 1485 war es Vorschrift, dass an jedem Krankenbett eine Krankenakte hängen musste (Scandaletti, 2015, S. 105).

Witwen und Waisen von im Krieg für Venedig Gefallenen bekamen eine „gerechte Rentenzahlung" (Zorzi, 1985, S. 291). Sollten venezianische Soldaten in die Sklaverei verkauft worden sein, so versuchte der Staat Venedig sie aufzufinden und auszulösen (das war oft gar nicht schwierig, denn sehr häufig boten die Kriegsführenden sich am Ende des Krieges die Gefangenen gegenseitig zur Auslösung an).

Schon spätestens seit dem 6.3.1460 gab es Mindestlohngesetze in Venedig. Denn dann wurde der Lohn eines Arsenalarbeiters per Gesetz auf 53 ½ Golddukaten jährlich festgelegt: pro Woche 1 *Zechie* und dann noch eine Zulage etwa wie Weihnachtsgeld. 1494 kam es zu einem ersten Streik der Arsenalarbeiter um bessere Arbeitsbedingungen, dem 1500 einer der Matrosen folgte. Die typisch venezianische Reaktion: Ein neues Gremium. Über *colleghi* und *fraglie* (Berufsvertretungen ab dem 10. Jahrhundert; Innungen und Gewerkschaften vergleichbar) konnte schon im Vorfeld ein entstehendes Problem entschärft werden. Im 10. Jahrhundert...!

Relativ spät, aber immerhin überhaupt kümmerte sich der Stadt auch um die an der Peripherie dahin Vegetierenden, den Gefängnisinsassen. Die alten Gefängnisse, die typischen muffigen, stinkenden, unhygienischen, schlicht: menschenunwürdigen Knäste wurden abgerissen und nach aktuellen hygienischen Standards am *Ponte della Paglia* neu gebaut, zu damaligen Zeiten wohl umwälzend modern. Sie konnten bis in die 30er Jahre des vorigen Jahrhunderts genutzt worden. Aber wirklich revolutionär war ein Gesetz von 1272 (!!), das dem Dogen als Staatsauftrag auftrug, Angeschuldigte innerhalb eines Monats einer Verhandlung zuzuführen. Dieses Gesetz feiert in diesem Jahr seinen 750. Geburtstag - vergleichen wir das mit ähnlichen Gesetzen in Europa zu dieser Zeit! Die *habeas-corpus-Akte* Venedigs schon um 1272. Und gleich darauf, 1290, hatte der Große Rat den Richtern per Gesetz auferlegt, Minderjährige unter 14 Jahren und „Schwachsinnige als zu Wollen und Absicht Unfähige und daher Nichtverantwortliche niemals, nicht einmal im Fall von Mord, zu körperlichen Strafen zu verurteilen" (Zorzi, 1985, S. 239). Im Vergleich zu England z.B., in dem hungrige Kinder beim Diebstahl eines Apfels hingerichtet wurden, ebenfalls fast unvorstellbar modern. Die Grundhaltung, Unzurechnungsfähigkeit schließt Strafe aus, auch ein Grundsatz unserer Rechtsprechung, gab es also in Venedig schon im 13. Jahrhundert.

1128 gab es auf Anordnung des Dogen Domenico Michiel die ersten Straßenlaternen in Venedig, die *cesendeli*, Öllampen, die an Verzweigungen, an Brücken und an besonders engen Gassen den Weg wiesen. 1450 wurde auf Anordnung des Rates der Zehn die Zahl beträchtlich, und zwischen 1730 und 1775 noch einmal von 800 auf 2.200 erhöht (Scandaletti, 2015, S. 231).

Das sollte die Sicherheit vor Stürzen, aber auch vor Überfällen oder Einbrüchen erhöhen. 1128 die ersten öffentlichen Straßenlaternen - was

Abb. 11 Venedig ohne Laternen an den Wegen...?

gab es zu diesem Zeitpunkt im restlichen Europa?

Venedig heißt die Löwenstadt oder -republik, *i leoni* heißen heute die Fußballer des FC Venedig, Venezlaner waren im Mittelalter die Marchesi oder Marcesani: Die Markusleute. Welche Bewandtnis hat es damit auf sich?

Angeblich soll der Apostel Markus auf seinem Zug um die Welt auch auf einer Laguneninsel eine Pause eingelegt haben. Dabei sei er eingenickt und habe von einem Engel geträumt, der ihm (natürlich auf Latein, es war ja die universelle Engelsprache) geweissagt habe: *Friede sei mit dir, Marcus, mein Evangelist, hier wird dereinst dein Körper ruhen*. Die katholische Kirche fand später heraus, dass es sich hierbei um genau die Stelle handeln müsse, auf der heute die Kirche Francesco della Vigna in Castello steht - Liebhabern der Filme um Commissario Brunetti bekannt als der Platz ganz in der Nähe der weiß-terracottafarbenen Säulen vor der Film-Questura. Da fügte es sich, dass das Bistum von Aquileia schon Markus als Ortsheiligen hatte, er konnte also besten Gewissens mit übernommen werden. Und um die Gunst voll zu machen, fanden und stahlen um 828 zwei Edelleute, Rustico da Torcello und Bon da Malamocca (der *Bauer aus Torcello* und der *Gute aus Malamocco*), Markus Leichnam in Alexandria und brachten ihn zur Täuschung der islamischen Hafenaufsicht unter Schweinehälften versteckt nach Venedig. Dort habe ein Rosenduft die Stadt verwöhnt, als Markus in *seine* Stadt kam. Flugs wurde ihm eine neue Kirche geweiht, die aber einem anderen erst einmal genommen werden musste: Der Markusdom entstand so. Auch ein Brand 976, der eigentlich alles zerstört hatte, konnte dem Heiligen nichts anhaben, dessen

Körper 1084 wirklich wunderbar hinter einer gerade frisch verputzten Mauer wiedergefunden wurde. Der Markus-Glaube erfreute alle, mit einem *Viva San Marco!* wurden Verträge geschlossen, Dogenwahlen begonnen und beendet, Hochzeiten bekräftigt, Kriege begonnen und Siege gefeiert. Deswegen sehen wir heute auch noch überall das Bild des Löwen, Markus Symbol (so wie Johannes Symbol ein Adler, Lukas ein Stier und Matthäus ein Mensch ist). Und ganz oft hält der ein Buch offen, auf dessen ersten beiden Seiten die erste Hälfte der Prophezeiung des Engels auf Latein steht: *Pax tibi, Marche, Evangelista meus.*

Alle freuten sich über den Markus-Kult, nur einer wohl nicht: San Teodoro, der alte Schutzheilige der Stadt, der musste seine Kirche aufgeben, steht dafür auf der rechten Säule der Piazzetta, wo er eine Art Krokodil am Halsband spazieren führt und traurig über das Wasser schaut.

Reliquien wurden dann noch gerne nach Venedig geschleppt. Der heilige Nikolaus fand seine neue Bleibe in der für ihn gebauten Kirche San Nicolo auf dem Lido (es gibt noch eine andere: *La chiesa di San Nicolò dei Mendicoli o dei Mendicanti* in Dorsoduro, die Kirche der armen Fischer, die heute noch ein reges Gemeindeleben hat), der Ur-Märtyrer Sebastian fand, zum Teil zumindest, seine Ruhe ebenfalls in Venedig. Einzelknochen oder Teile von Gewändern

Heiliger, die in Venedig verehrt wurden, aufzuzählen, würde den erstrebten Umfang dieses Textes vernehmbar sprengen.

Liberalität und Humanismus in unserem modernen Sinn gab es in der Zeit zwischen 697 und 1797 in ganz Europa natürlich nicht, das ist eine Erfindung der Neuzeit (und gilt weltweit ja auch heutzutage nicht überall). Menschen waren nicht gleich berechtigt, sie konnten verfolgt, eingesperrt und getötet werden wegen Nichtigkeiten, wegen eines anderen Glaubens oder weil sie in welcher Form und für wen auch immer als „gefährlich" eingestuft wurden.
In der katholischen Kirche hatte sich schon mit Innozenz III (Papst 1198 bis 1216) eine Vorstufe der Inquisition gebildet. Innozenz sieht sich, den Papst, nicht mehr als Nachfolger Petri, sondern als *vicarius Jesu Christi* (Vertreter Christi), (Fuhrmann, 2008, S. 131), oder er meinte sogar „papa est deus" (der Papst ist Gott), wobei er gerne das „id es varicarius dei" (das bedeutet: Stellvertreter Gottes) wegließ (ebd., S. 165), er beschreibt sich selbst als „weniger als Gott, aber mehr als der Mensch". Von ihm ging auch die Verfolgung von Andersgläubigen, Häretikern, aus. Das hatte die Kirche ja schon immer getan, aber jetzt in anderen Dimensionen. Der Kreuzzug gegen die Albigenser und Katharer wurde wie ein Krieg geführt. Eigentlich etwas grotesk, dass unser Ausdruck *Ketzer*

von Katharern abstammt: Sie nannten sich καθαροι, die Reinen. Die Reinen nun als das Übel: **Das** ist Kirchenpolitik. Jedenfalls wurde dieser Kreuzzug mit brutaler Grausamkeit geführt, zumal gegen Menschen, die bewusst keine Waffe anfassten. Am 22. Juli 1209 wurde die Stadt Béziers gestürmt, allein 7.000 Menschen wurden in und um die Kirche Maria Magdalena massakriert, pikanterweise an ihrem Festtag. Insgesamt aber wurden 20.000 Menschen umgebracht. Denn auf die Frage der abschlachtungswilligen „Kreuzfahrer", wie man denn Ketzer und Katholiken in dieser gemischt lebenden Stadt auseinanderhalten sollte, antwortete der päpstliche Legat Arnaldo Almarici: „Tötet sie alle, Gott erkennt die Seinen schon" (u.a. Deschner, 2002, S. 152). In der halboffiziellen katholischen Geschichtsschreibung liest sich das etwas sehr blumig und versöhnlicher: „Béziers ist das bekannteste Beispiel, das im Juni 1209 geplündert wurde, wobei zahlreiche Einwohner - sowohl Katharer wie Rechtgläubige - niedergemacht wurden" (Vauchez, 1994, S. 774).

Dies ist die Vorgeschichte (Übersicht: Lea, 1997) zur Inquisition der Neuzeit, die im 16. Jahrhundert dann noch einmal zur vollen Blüte aufstieg.

Die katholische Inquisition wurde durch Paul III formell 1542 mit der Inauguration der *Sacra Congregatio Romanae et universalis Inquisitionis* gegründet. Hauptsächlicher Gegner war der sich sammelnde

Protestantismus. Und deshalb war Venedig sofort unter der Observanz der Inquisition: Dort, wo man sich frevelnd erfrechte, sogar Juden als Kollegen (vergl. Calimani, 1988) zu betrachten, musste bestimmt Schlimmes ausgebrütet werden. Deshalb schickte die Kurie mit Gian Petro Carafa einen besonders hartnäckigen Jäger nach Venedig. Zum Pech der Stadt wurde Carafa später auch noch zum Papst (Paul IV, 1555 – 1559) gewählt.

Die Reformation hatte sicherlich viele Freunde in Venedig (s. Benrath, 1886; Gregorin/Heyl, 2008). Als weltoffene Stadt, die gerade mit dem neu entstandenen Buchhandel einen gewaltig expandierenden Gewerbezweig für sich entdeckt hatte (in der zweiten Hälfte des 16. Jahrhunderts sollen in Venedig 20 Millionen Bücher gedruckt worden sein, darunter wertvolle Talmude, überhaupt der erste gedruckte Koran und die italienischen Erstübersetzungen der Bibel), war es unumgänglich, dass auch Gedanken und neue Ideen kursierten. Die Aufrufe der Kirche, hiergegen aktiv zu werden, verhallten in den meisten Fällen irgendwo in einem beliebig erweiterbaren Aktendschungel, also im Nichts. So dekretierte der Rat der Zehn (Venedigs oberstes Gericht) gegen eine Intervention Carafas: „Was die Lutheraner und Häretiker angeht, so ist unser Gebiet ein freies, deshalb können wir ihnen den Eintritt nicht wehren" (Benrath, 1886, S. 6). Im Prinzip blieb die Stadt bei dieser

Haltung, auch wenn sie gegen Ende des 16. Jahrhunderts zu bröckeln begann. So gab es Bücherverbrennungen (1547 und 1548 auf dem Rialto-Markt, ab 1560 vor dem Sitz der päpstlichen Behörde in Castello).

Besonders muss es die Päpstlichen gewurmt haben, dass die Kommune Venedig sie nicht allein zu (Inquisitions-)Gericht sitzen ließ, sondern diesen Gerichten eigene Vertreter zuordnete, drei *savi all'eresia* oder *dottori laici*. Damit war ein Grund für viele Inquisitionsverfahren außerhalb Venedigs schon faktisch aufgehoben: Wo es um pure Geldbeschaffung ging, machte der Staat nicht mit, er hätte seine eigenen Grundlagen zerstört. Ganz im Gegenteil wurden besonders die deutschen Händler und ihre venezianischen Partner sehr zurückhaltend behandelt: Schon der Doge Francesco Foscari (von 1423 bis 1457) bezeichnete die deutsche Handelsniederlassung, den Fondaco dei Tedeschi, als „die goldene Arche des Senats", sie sei „das beste Glied" der Stadt (Kretschmayr, 1934, S. 182). Warum sollte man sich selbst die Axt an die eigenen Wurzeln legen?

Die Deutschen schienen tatsächlich eine Art Narrenfreiheit bezüglich ihres Glaubens gehabt zu haben. Von den 900 dauerhaft in Venedig lebenden Deutschen sollen 700 Lutheraner gewesen sein. Jeder wusste, dass im Fondaco ein lutherischer Priester wohnte, der die Gottesdienste abhielt. Ansonsten gingen die Gläubigen in die offen als ihre genutzte Kirch San Bartolomeo gleich gegenüber dem Haupteingang des Fondaco. In dieser Kirche gab es zwei verschiedene Kapellen für zwei unterschiedliche Bruderschaften. Für diese Toleranz stellte der Senat nur eine Bedingung: Es durften keinen öffentlichen Skandal geben.

Erwartungsgemäß gab es dennoch Opfer der kirchlichen Inquisition in Venedig. Etwa 800 Verfahren gab es während der Dauer dieser Einrichtung, manche wurden bis zur Zermürbung der Kurie immer wieder ausgesetzt, in Berufung gegangen, verzögert, neu angesetzt. Etwa 20 endeten aber für die Angeklagten mit dem Todesurteil. Die wurden aber nun nicht, wie mehrfach von der Kirche gefordert, öffentlich durch Verbrennung „zwischen den Säulen" der Piazzetta quasi zelebriert, sondern insgeheim ohne Kenntnis der Öffentlichkeit entweder durch Erdrosseln im Kerker oder durch Versenken im Wasser (meist ganz entfernt im Canal Orfano zwischen den Inseln Santo Spirito und Poveglia) nachts durchgeführt.

Einzelschicksale rühren immer mehr als schlichte Zahlen. Benrath (1886) schildert eine Fülle davon. Eine Schilderung (s. 38 ff) ist dem 25-jährigen Studenten Pomponio Algeri gewidmet. Er stammte aus Nola bei Neapel (der Geburtsstadt Giordano Brunos), studierte aber in Padua (*terra ferma* und Universitätsstandort Venedigs). Algeri erkannte in mehreren

Verhören den Papst nicht als seine Obrigkeit an. Deswegen wurde er nach Venedig gebracht, dort aber erklärte man sich für nicht zuständig, worauf er direkt zum Papst nach Rom geliefert wurde, der ihn sogleich vor der Engelsbrücke verbrennen ließ.

Die päpstliche Inquisition in Venedig war ein Dauerkampf zwischen dem Staat Venedig und der Kurie. Wenn wir uns vergegenwärtigen, dass die katholische Kirche ja nicht nur geistige Kraft sein wollte, sondern auch Territorialmacht war, die Kriege führte und Menschen tötete, war das immer ein diplomatischer Spagat Venedigs. In der Liga von Cambrai (s.o.) wandte sich die katholische Kirche direkt als Kriegsgegner gegen Venedig. Häufig wurde die gesamte Stadt exkommuniziert oder unter das Interdikt gestellt, was den Rat allerdings nur dazu veranlasste, die Verlesung der entsprechenden Bullen zu verbieten und den Priestern bei Strafe der Verbannung zu befehlen, die Messen weiter zu feiern. Die meisten hielten sich daran, so dass die Exkommunikationen in Venedig oft noch nicht einmal bemerkt wurden.

Zu einem solchen landesweiten Kirchenbann und Interdikt (Verbot, Gottesdienste zu feiern) kam es 1607 nach einem Streit zwischen der Republik und Papst Paul V. Venedig hatte einerseits zwei kriminelle Geistliche ins Gefängnis gebracht, einer davon der Mörder seiner Nichte, der andere ein Vergewaltiger auch seiner Nichte, andererseits Gesetze erlassen, die die Kirche unter staatliche Aufsicht stellte und in wirtschaftliche Beziehungen zur Kirche Stehende von der Macht ausschloss. Gegen beides legte Paul V seine Mittel ein. Venedig zur Seite stand Paolo Sarpi, Provinzial der Serviten für Venetien, der in messerscharfen Analysen Venedig dieses Recht bestätigte. Dreimal ließ der Papst einen Mordversuch an ihn ausüben, beim zweiten Versuch überlebte er nur, weil ihn die Attentäter schon für tot hielten und Sarpi sich in eine vorbeifahrende Gondel fallen lassen konnte. Der gerade Gerettete meinte zu diesem Anschlag stoisch: „Ich erkenne den Stil der römischen Kurie wieder" (Zorzi, 1985, S. 427 ff). Wobei *stile* sowohl Stil als auch Dolch heißen kann (*Stiletti* sind die „Dölchlein" und befinden sich bisweilen unter namengebenden Schuhen). Am Campo Santo Fosca gleich neben der Strada nova befindet sich ein würdiges Denkmal für Paolo Sarpi - dort, wo er den schwersten Anschlag überlebte. Das Kloster gleich daneben, in dem er lebte, ist heute eine Jugendherberge.

Die kirchliche Inquisition darf aber keineswegs mit der Staatsinquisition Venedigs verwechselt werden. Sie hatte andere Aufgaben. Der Versuch des Baiamonte Tiepolo, durch einen Aufstand eine Erbmonarchie einzurichten (sein Groß- und sein Urgroßvater waren schon Dogen gewesen), wurde nach nur einem Tag (14./15. Juni 1310) niedergeschlagen. Nur durch Zufall hatte der Doge von diesem Aufstand erfahren. Damit so etwas nicht noch einmal passierte, wurde mit einem „Rat der Zehn" ein erstes Gremium geschaffen, das sich mit der Staatssicherheit beschäftigte. Nach mehreren Umbenennungen hieß dieses Amt schließlich ab 1669 *tribunale supremo*.

Häufig genügte die Vorladung in die *Bussola* im Dogenpalast, dem Verhandlungssaal der X (wie sie lat. abgekürzt wurden). Wenn nicht, wurde aber auch schon mit Erzwingungshaft oder gar Folter nachgeholfen. Zorzi (1985, S. 175 ff) führt andererseits aber auch aus, wie bemerkenswert rechtsstaatlich das Verfahren ablief: „Es ist das Verdienst der politischen Führung Venedigs, es bei mehr als einer Gelegenheit verstanden zu haben, den Rat der Zehn in die Schranken zu verweisen und auf den Weg der verfassungsmäßigen Legalität zurückzuführen." Und kurz darauf: „Ein anderes Merkmal der Zehn war entgegen dem, was man so oft gesagt und geschrieben hat, die Gewissenhaftigkeit, mit der man bei Prozessen auf den Buchstaben des Gesetzes achtete - eine völlig ungewohnte Gewissenhaftigkeit in Zeiten, in denen die Willkür an der Tagesordnung war." Zudem mussten Anzeigen mit einer 4/5-Mehrheit, anonyme sogar mit 5/6-Mehrheit zur Verhandlung angenommen werden. Und das europaweit Erstaunlichste: Die Staatsinquisition richtete sich nur und fast ausschließlich gegen Nobili, Anklagen gegen Nichtadlige wurden nicht verfolgt. Hiermit wurden die Verbindungen ins Ausland überwacht – und was anderes ist ja kaum ein Staatsschutz.

Tiziana Plebani ist eine Historikerin an der Università Foscari di Venezia. Sie ist Mitherausgeberin einer Reihe *Guida delle Veneziane*, also einer Darstellung ausschließlich venezianischer Frauen. Ihr schon 2008 veröffentlichtes Buch „Storia di Venezia - città delle donne" sollte zum 1.600-Jahr-Jubiläum 2021 eine Einführung geben - so lange haben so viele daran geplant und gearbeitet, und dann fielen die meisten Veranstaltungen coronabedingt aus. Wie unendlich schade.
In ihrem Buch schildert sie die wichtigen Funktionen, die Frauen in Venedig hatten, auch wenn sie selten, fast nie, in der ersten Reihe standen. Denn die war Männern vorbehalten. Das ist aber nun wirklich nichts Neues: Auch in Deutschland wurde erst 1919 das Frauenwahlrecht eingeführt, Marie Juchacz war die erste Frau, die vor einem gewählten deutschen Parlament eine Rede hielt: am 19.2.1919.
Tiziana Plebani beschreibt in ihrem Buch, epochenmäßig aufbereitet, wichtige Frauen in der Entwicklung Venedigs, angefangen mit einer eher legendären Königin Regina Adriana di Padova um ca. 450 bis zum modernen Centro donna von 1977 in der Villa Franchin a Capenedo, die die Frauen durch eine

occupazione gewonnen hatten, weil sie *da tempo disabitata* war. Jetzt beherbergt dieses Frauenzentrum neben einer Bibliothek und weiteren Arbeitsmöglichkeiten auch ein *Centro antiviolenza* und gibt misshandelten Frauen Asyl (S. 264 f).

Es gibt herausragende Frauen in der Geschichte Venedigs, die immer wieder erwähnt werden. So ist auch Christine de Pizan (1364 bis etwa 1429), selbst wenn sie nach Frankreich geheiratet hatte, von Geburt Venezianerin. Sie war die erste Schriftstellerin, die von ihren Werken leben konnte - was sie nach dem Tod ihres Mannes auch musste. „Wege in die Stadt der Frauen" (1996) gilt als erstes feministisches Buch - und viele meinen, dort sei Venedig beschrieben (nicht umsonst heißt ja auch Plebanis Buch *città delle donne*). Rolf Dieter Kaufmann hat ein „Logbuch für Venedig" (2020) veröffentlicht, das im Untertitel: „Bündnis Christine de Pizan für freie Frauen in Venedig" seine Intention genauer beschreibt. Interessant auch, dass de Pizan in einem Zeitalter der Misogynie sich deutlich für den eigenständigen Wert der Frau einsetzt und sie in einer Traditionslinie vieler bedeutender Frauen beschreibt. Das war fast schon frech, denn sie lebte ja von Unterstützern – und das waren natürlich nur Männer. Dass Frauen sich Bücher kaufen konnten, war wohl eher ungewöhnlich (Echtermann, 1994).

Elena Cassandra Tarabotti (1604 bis 1652) ist eine andere der mutigen Frauen. Mit 15 Jahren erhielt sie ihre „Jungfrauenweihe", mit 16 die *vestizione*: Ihre Einkleidung als Nonne der Benediktinerinnen des Klosters di Sant'Anna in Castello. Zusammen mit der noch nicht einmal zwölfjährigen Regina Donà (aus der Dogenfamilie der Donà) „ricevono il velo bianco, la benda e il soggolo" (Scarabello, 2013, S. 44): Sie erhielten den weißen Schleier, die Schleife und das Brusttuch zur Einkleidung. Beide waren nicht freiwillig in den Orden gegangen, sie wurden von ihren Familien zur Einsparung einer Mitgift zugunsten ihrer Brüder dorthin gezwungen. Das war gängige Methode, um das Familienvermögen zusammenzuhalten. Und das war nun das Thema von Suor Arcangela, wie sie seitdem hieß. In vielen giftigen, bitterbösen Briefen und später systematischer auch Büchern beklagte sie das Unrecht, das ihre Familien diesen Mädchen antaten. Sie verkehrte brieflich, insgeheim natürlich, denn ihr war ja das Gebot des Gehorsams aufgelegt worden, mit sehr vielen Geistesgrößen Europas, u.a. mit Vittoria della Rovere in Florenz oder Kardinal Mazarin in Paris, ihre Bücher wurden in Italien erst nach ihrem Tod veröffentlich, in Europa schon früher. Das bekannteste wurde „Inferno monacale": Die Hölle im Kloster, in dem sie den Leidensweg der unfreiwillig ins Kloster gepressten Mädchen von nicht gehaltenen Versprechen bis zur inneren

Erstarrung beschrieb. Kostprobe? „Tiranni d'Averno, aborti di natura, paraninfi dell'inferno, cristiani di nome e diavoli d'operazione, piú crudeli e disumani delle belve" (a.a.O., S. 45 f; „Tyrannen der Hölle, Fehlgeburten der Natur, Hilfsknechte des Abgrunds, Christen vom Namen und Teufel von den Taten her, grausamer und unmenschlicher als die wilden Tiere"). Scarabello (ebd.) fragt sich: „Incredibile quasi che una giovana monaca potesse scrivere con simile risentimento e violenza" („Fast nicht zu glauben, wie eine junge Nonne mit einer solchen Wut und Gewalt schreiben konnte"). Sie schreibt mit kaum zu übersetzenden Wortspielen: „Quello pazzamente vano e questi vanamente pazzi" (Versuchsweise: Hier die verrücktmachende Eitelkeit und dort vergeblich Verrückte). Zu Beginn ihres Schreibens war sie sich im Klaren darüber: „Non resta che perdere a chi ha perduto la libertá": Für die, die ihre Freiheit verloren haben, gibt es nichts mehr zu verlieren. Huber und Gössmann (1994) stellen Suor Arcangela in einen weiteren, grundsätzlich gegen Männerherrschaft aufbegehrenden Zusammenhang, was natürlich schlüssig ist: Männer waren es, die sie und ihre früh am Kummer verstorbene Leidensgefährtin Regina Donà, ihre Freundin seit der vestizione, in das Kloster gepresst hatten.

Die erste Frau Doktor der Welt war natürlich eine Venezianerin: Elena Corner Piscopia (1646 bis 1684). Ihr

Vater Giovan Battista war adlig, ihre Mutter Elena kam aus bürgerlichen Verhältnissen. Früh erkannten beide die außergewöhnlichen Talente ihrer Tochter, die viele moderne (u.a. Arabisch, Spanisch, Französisch) und antike Sprachen (natürlich Griechisch und Latein) beherrschte, die sich in Mathematik und Astronomie auskannte und Theologie studiert hatte. In diesem Fach allerdings durfte sie nicht promovieren (ein Versuch 1677 wurde vom Bischof von Padua, Kard. Gregorio Barbarigo unter Hinweis auf Kor. 14, 34 [„Mulier taceat in ecclesia", in der Kirche schweige eine Frau] abgelehnt worden), so dass sie zu einem philosophischen Thema zu Aristoteles 1678 ihren Doktorgrad erhielt, nachdem der Professor für Philosoph an der Universität, Carlo Rinaldini, sich sehr für sie eingesetzt hatte (vergl. Plebani, 2008, S. 162).

Isabella Cortese, deren biographischen Daten nicht genau überliefert sind, die aber vor 1600 gestorben sein muss, hat eine umfangreichen Sammlung *Secreti* herausgegeben. Secreti sind Rezepte, sowohl Arzneimittelrezepte als auch solche für heilende Nahrung. Im 16. Jahrhundert gab es eine Menge solcher Sammlungen, aber keine mit einem derart gewaltigen Umfang wie von Isabella Cortese (Gadebusch Bionda, 1996).

Den Frauen verdankt auch die venezianische Malerei einiges. Marietta Robusti (etwa 1554 bis 1590) war die nichteheliche Tochter von Giacomo Robusti, genannt Tintoretto. Ihr Vater förderte sie in allem und war von ihren Fähigkeiten beeindruckt. In seinem Gemälde „Das Jüngste Gericht" sollen ihre Mutter und sie abgebildet sein: Es ist zu besichtigen in einer meiner venezianischen Lieblingskirchen Madonna dell'Orto (ursprünglich war sie dem Heiligen Christoferus gewidmet, dann fand man in einem nahegelegenen Gemüsebeet, Orto, eine wundertätige Madonnenskulptur, Pech für Christof). Ihr eigenes Oeuvre beinhaltete vornehmlich Porträtmalerei, davon soll sie sehr gut gelebt haben, es galt im venezianischen Adel als Auszeichnung, von ihr portraitiert zu werden. Rosalba Carriera (1675 bis 1757) war ebenfalls eine Portraitistin, sie gilt als die „Pastellmalerin", so auch der Titel des Buches von Jary: Die Pastellkönigin). Ihre Bilder sind heute in der Accademia oder eine Vaporetto-Station vorher im Museo Ca' Rezzonico zu sehen).

Lucretia Marinella (1571 bis 1653) war eine Philosophin der Frauenemanzipation. 1600 veröffentlichte sie in ihrer Heimatstadt das Werk „Nobiltà et Eccelenze delle Donne", in dem sie systematisch die Diskussion um die Superiorität von Männern bzw. die Inferiorität der Frauen aufgriff und die Männersicht als absurd zurückweisen konnte. Bereits 1598 hatte sie in Venedig Gedichte „Amore innamorato et impazzato" (Frei: Verliebt und verrückt durch Liebe) veröffentlicht, in denen sie für eine freie und gleich-berechtigte Liebe eintrat (Ferrari Schiefer, 1985).

Liebe und Literatur hängen in Venedig eng zusammen. Beide Bereiche waren auch fast die einzigen, von denen Frauen in der Renaissance selbstständig leben konnten. Gaspara Stampa (1523 bis 1554) war eine schon zu Lebzeiten bekannte Dichterin, die Sonette (2002) damals ungewöhnlicher Offenheit verfasste (vergl. auch Graziani, 1893). Hintergrund war ihre unglückliche Liebe zu einem Adligen mit dem verstörenden Namen Collaltino Collalto. Er verstand ihre tiefe Liebe kaum, beantwortete ihre Briefe nur nach Lust und Laune und vergnügte sich weiterhin allerorten. Ein kolportierter Selbstmordversuch, als Collalto von einer Julia (Giulia Torelli) zur Hochzeit geschnappt wurde, stimmt aber eher nicht. Sie hatte nämlich irgendwann eine neue Liebe gefunden: „Kaum war die erste Glut erstickt, da hat / mich Amor gleich zu neuer Glut entfacht / und heißer brenne ich an dieser neuen" (2002, Sonett CCVIII). Denn sie hatte inzwischen erfahren: „So macht man's in der Liebe stets verkehrt: / den Ehrenhaften hält man sich vom Leib, / dem Frevelhaften aber stellt man nach" (Sonett XLIII). Gaspara Stampa war Vorbild für Rilke oder D'Annunzio, die sie in Gedichten oder Romanen einfließen ließen. Geklärt ist bis heute nicht: War Gaspara Stampa als Kurtisane tätig? Sie hatte viele Freunde, aber lebte sie davon? Ferber (in Stampa,

2002, S. 116) schreibt in einem Begleittext: „In einer Stadt wie Venedig, die durch ihre Freizügigkeit bekannt war, lebte Gaspara Stampa als unverheiratete Frau, die Beziehungen zu mehreren Männern unterhielt und sich auch öffentlich dazu bekannte. Trotzdem entspricht ihre Lebensweise in vielem nicht der einer Kurtisane: In Anbetracht ihrer starken Persönlichkeit vielmehr als einzigartiges Beispiel einer der Kunst verpflichteten weiblichen Existenz." Diese Freiheit lebten in Venedig etliche Frauen.

Ganz sicher war Veronica Franco (1546 bis 1591) als Kurtisane tätig. Kurtisanen unterscheiden sich von Prostituierten (*putane*) deutlich. Sie hatten einen oder mehrere Gönner, die sie für längere Zeit aushielten, aber es ging in keiner Weise ausschließlich um Sexualität. Kurtisanen waren hochgebildete Frauen, sprachen in der Regel mehrere Sprachen, schrieben selbst Bücher, konnten singen oder malen, gaben in ihren Häusern große Bankette - und suchten sich ihre Unterstützer selbst aus. Sie waren Künstlerinnen nicht nur des sexuellen, sondern viel deutlicher noch des geistigen Begehrens. So auch Veronica Franco, studierte Philosophin und Dichterin mit etlichen Veröffentlichungen. Als der spätere Heinrich III von Frankreich auf dem Weg zur Thronbesteigung in Venedig Station machte, verlangte er auch eine Nacht mit Veronica Franco. In Venedig gab es einen *Catalogo più honorate cortigiane Di Venezia* in mehreren Auflagen mit Angaben von Namen, Adressen, Vermittlerin und Preisen. In dem von 1565 fand sich eben auch Veronica Franco. Billig waren berühmte Kurtisanen mit Sicherheit nicht. 25 Golddukaten für einen Abend und eine Nacht waren schon eine Menge Geld, betrachten wir den Mindestlohn eines Arsenalarbeiters von 53 ½ Golddukaten - pro Jahr! Allerdings war auch der Aufwand für das entsprechende Ambiente enorm: Der Gönner wollte seinen Freunden den Luxus und die Schönheit zeigen, auch die seiner Geliebten. Interessant die Bezeichnung: *cortigiana onesta* - ehrenhafte Kurtisane. Die männliche Form ist übrigens cortigiano und bedeutet: Höfling. Auch bei der männlichen Form muss man das Käufliche mitdenken.

Die Prostitution ist ein eigenes Thema (vergl. Matti, 2005, Scarabello, 2008; Tiveron, 2015). Bestimmt hatten es die Mädchen nicht leicht (denn es waren meist Mädchen: Die Karriere begann oft mit der prinzipiellen Heiratsfähigkeit, also mit 13 oder 14 Jahren), aber dennoch leichter als andernorts. Für Venedig war es wichtig, die aus allen Herren Ländern der Welt kommenden Seeleute ruhig zu halten. Und so waren registrierte Prostituierte fast Staatsangestellte. Sie mussten sich nicht nur regelmäßig untersuchen lassen, sie hatten auch Anspruch auf Gesundheitsfürsorge. Es lag auch keine soziale Ächtung auf den jungen Frauen: Sehr viele heirateten nach einer gewissen Zeit. Manche Adelsfamilien hatten ihre eigenen Bordelle, aus denen sie Gewinn zogen und gleichzeitig für die Mädchen sorgen mussten. Die *putane* oder *meretrici* mussten in definierten Stadtbereichen arbeiten. Der Senat legte einmal sogar fest, dass die als Prostituierte arbeitenden Frauen in einem Bereich mit unbedecktem Busen sich darstellen sollten. Der *Ponte tetta* („Tittenbrücke", gleich in der Nähe der wundervollen Buchhandlung

Abb. 12 Tatsächlich: diese Brücke heißt noch so.

„Aqua Alta") zeigt dieses Gebiet noch heute an. Dies war allerdings gegen die männliche Homosexualität gerichtet: Beim Anblick eines schönen Busens sollten Schwule sich doch wieder der „natürlichen Triebrichtung" erinnern. Diese Regelung hatte zur möglicherweise wirklich nicht beabsichtigten Folge, dass sich für einige Zeit auf Festen die alleradligsten Frauen auch mit so gut wie nacktem Busen präsentierten, dafür wurden auch die Brustwarzen mit glänzendem Rouge dargeboten, diese Mode soll sich besonders im Karneval lange gehalten haben. Und wie überall in Italien gab es auch für die Prostituierten Tariftabellen, die heute noch gerne als Liebhaberstücke vermutlich zur Dekoration genutzt werden (oder die Preise müssten in Euro umgerechnet werden).

Das Leben der einfachen Frauen war wohl wie überall in der Welt entbehrungsreich. Den Haushalt zu versorgen war Knochenarbeit. Dennoch findet man auf sehr vielen Bildern Eindrücke aus dem Alltagsleben, auf denen Männer und Frauen gleichberechtigt ihre Arbeiten zu erledigen scheinen, um dann auch gleichberechtigt zu feiern. Der Spruch, mit dem man die Braut hochleben ließ: *Xe (oder che) a piasa, xe a tasa, xe a staga casa* (auf Italienisch: che piaccia, che taccia, che se ne stia in casa: Möge sie gefallen, möge sie schweigen, möge sie zu Hause bleiben) scheint sehr oft eine Bitte oder ein verzweifelter Wunsch gewesen zu sein, denn es gilt auch ein anderes venezianisches Sprichwort: *L'omo comanda de giorno, a femena de note*: Der Mann bestimmt am Tag, die Frau nachts (Lorenzon, 2018, S. 62).

Die politische Führung Venedigs war über 1.600 oder 1.100 Jahre natürlich auch Entwicklungen ausgesetzt. Eine Einheitlichkeit gab es nur in einer Haltung: Misstrauen gegenüber allen, die die Freiheit und Unabhängigkeit Venedigs angriffen. Aus dieser Perspektive lassen sich alle Verfassungsentwicklungen erklären. Eigentlich muss man von zwei Beschneidungen sprechen: Gegenüber der Spitze, dem Dogen, und gegenüber der Volksversammlung, dem *arengo*. Der

Doge wurde im Laufe der Zeit immer mehr zu einem Repräsentativorgan ohne eigene Macht oder nur die seiner persönlichen Autorität. Und zugleich wurde auch der arengo entmachtet. Zu oft hatte es sich gezeigt, dass aufputschende Reden, Geldgeschenke vor der Wahl oder populistische Beeinflussungen ungeeignete Figuren in Amt und Würden gebracht hatten. Der Doge wurde anfangs nicht gewählt, sondern per Akklamation bestimmt. Auch basisdemokratisch gedacht nicht unbedingt Garantie für seriöse Auswahl. Das Misstrauen gegenüber der Amtsgewalt des Dogen war so groß, dass er seine Post nicht alleine öffnen durfte, private Gespräche durften nur in Anwesenheit anderer im Palast erfolgen und vieles mehr.

Es bildeten sich Beraterkreise um den Dogen, die anfangs informellen, später jedoch institutionellen Charakter hatten. Wichtige Funktionsträger waren die Sapientes, ven. *Savi*, die Weisen, die in verschiedenen Organen wie Bereichsleiter oder Minister wirkten. Im 12. Jahrhundert bildete sich der Große Rat (*consiglio maggior*) aus der Versammlung der Savi heraus. Dieser Rat gewann an Bedeutung, zeitgleich allerdings nahm er an Mitgliedern zu, so dass er bald unübersichtlich wurde. 1297 fand ein Gesetz die Zustimmung zur Begrenzung der Mitglieder: Die *Serrata del maggior consiglio*, die Schließung des großen Rates. Es sollten jetzt nur noch diejenigen in den Großen Rat kommen, deren Vorfahren bereits dort Mitglieder waren. Damit gab es im Prinzip eine Adelsherrschaft. Hier täuscht sich aber Sahra Wagenknecht (2016) ganz gewaltig, indem sie die dahinter liegende Absicht als Gewinnmaximierung einiger betrachtet. Zum einen ist der Zeitrahmen, mit dem die *serrata* durchgeführt worden, kaum als Kurzschlusshandlung zu bewerten, denn zwischen der Gesetzgebung (1297) und der endgültigen Festlegung (Gründung des Libro d'oro: Nur wer nach der Geburt in dieses Goldene Buch eingetragen worden war, konnte Mitglied des Rates werden) 1526 war doch schon ein längerer Zeitraum: 229 Jahre dürfte eine wirklich lange Periode sein, in der nachgedacht und Veränderungen erreicht werden konnten. Zum anderen war der Rat schon 1527 mit 2.746 Mitgliedern (Heller, 1999, S. 99) größer als vor der Schließung. 1340, so errechnet es Zorzi (1985, S. 165) gab es ein Verhältnis von 1:82,5. Ein Ratsmitglied also für 82,5 Venezianerinnen und Venezianer. Auch bei blühendster Prosperität: So viele reiche Pfeffersäcke hatte Venedig nun auch nicht zu bieten. Übrigens, unser Bundestag hätte, setzt man dieses Verhältnis als erstrebenswert voraus, 1.000.000 Mitglieder. Das wäre sicherlich in mancher Hinsicht unpraktisch.

Zum Großen Rat gesellte sich im Lauf der Verfassungsentwicklung der Kleine Rat, auch Signoria genannt, damit ein reines Adelsgremium. Zunächst setzte sie sich aus dem Dogen und den sechs *consig-leri ducali* (Ratgeber, pro Stadtteil einer), zusammen. Nun war der Große Rat erkennbar arbeitsunfähig, deswegen setzte er schon im 12. Jahrhundert Ausschüsse ein, zu denen Mitglieder gebeten wurden: Es war das *consiglio dei pregadi* oder concilium rogatorum: der Rat der Gebetenen, die eigentliche Regierung. Der Ausdruck Senat hierfür tauchte auch auf, aber in den Verfassungsurkunden wird weiter vom consiglio dei pregadi gesprochen. Die Gerichtsbarkeit wurde dem Rat der Vierzig, der *quarantia*, übertragen, wobei es später drei unterschiedliche Gerichtshöfe gab.

Diese verschiedenen Räte und Gremien sollten immer ein Schutz sein, keine Erbmonarchie wie in anderen Städten zu werden. Aus diesem Grunde gab es auch um 1355 ein bis heute nicht geklärtes Verfahren gegen den Dogen Marino Falier, der wegen Verschwörung gegen den Staat zum Tode verurteilt und genau dort, am Fuß der Treppe zum Dogenpalast hingerichtet wurde, wo er ein Jahr zuvor seinen Eid auf Venedig geschworen hatte. Er soll eine Erbmonarchie angestrebt haben, was allerdings erklärungsbedürftig ist: Er war kinderlos und knapp 80jährig: Was auch für Venedig ungewöhnlich ist: Die Gerichtsakten sind unauffindbar. Sie gehörten mit unter das Verdikt der *damnatio memoriae*: Nichts durfte an Falier erinnern. Sogar statt des für ihn reservierten Platzes in der Bildergalerie des Großen Saals im Dogenpalast ist ein schwarzes Tuch zu sehen mit der Bemerkung: *Hic es locus Marini Falieri decapitati criminibus* (Hier ist der Platz des für seine Verbrechen geköpften Marino Falier). Übrigens wurde sein Todesurteil wie alle anderen zwischen den roten Säulen der Galerie des Dogenpalasts verlesen: Die Säulen acht und neun (von links) der Veranda zur Piazzetta haben einen anderen Ton als alle anderen Säulen.

Abb.13 Die roten Säulen am Dogenpalast

Die Verfassungsgeschichte Venedigs ist geprägt von einem Misstrauen gegen Absichten einer Erbherrschaft und gegen das von spontanen Gefühlsausbrüchen. Es bildete sich im Laufe der Zeit eine von uns so genannte Adelsrepublik heraus, wobei festzuhalten ist: Einen klassischen Adel gab es in Venedig gar nicht. Vorrechte für einige Menschen gab es nicht, ganz im Gegenteil. Es herrschte ein umgekehrtes Zweiklassenstrafrecht: Wenn ein „Adliger" eine verheiratete Frau belästigte, wanderte er für sechs Monate ins Gefängnis, ein Rüpel aus anderen sozialen Verhältnissen für drei (Zorzi, 1985, S. 177, zählt noch weitere Beispiele dafür auf). Es gab keine

Adelstitel, an denen man sofort jemanden erkannt hätte. Man musste sich beweisen - für Venedig.

„Bis zum Verfall bleibt Venedig groß", schreibt Philippe Monnier in seinem Buch „Venedig im achtzehnten Jahrhundert (2021, S. 18). In diesem letzten Jahrhundert seiner Freiheit prosperierte Venedig auf eine ganz andere Weise als durch fast hanseatische Strenge: Es war das Jahrhundert von Musik, Malerei, unendlichen Festen, Vergnügungen und Libertinage. *Omo studioso, magro moroso* heißt es zu diesem Zeitpunkt (ebd., S. 42): Fleißiger Mann, dürre Freundin oder inhaltlich: Arbeite, wenn du Zeit hast. Damit hatte sich Venedig von einer Handelsmetropole zur ersten Touristenmetropole entwickelt - und lebte noch nicht einmal schlecht damit. Die Auflösung der Republik, Napoleons angedrohte hunnische Vernichtung („Ich werde ein Atilla für Venedig sein"), die Übergabe an Österreich nach einem Geheimvertrag zwischen Napoleon und dem Kaiser wurden relativ stoisch überlebt. Lediglich die Revolution 1848 weckte noch einmal Liebe zum alten Venedig. Unter dem alten „Viva San Marco!" brach unter der Führung Daniele Manins der Aufstand los (zufällig hieß er wie der letzte Doge: Lodovico Manin), der allerdings nach einem Jahr beendet war. Dann ging es ruhig weiter. Die Österreicher residierten in Venedig, man hatte aber wenig Kontakt zu einander und saß die *dominazione austriaco* einfach aus: Die österreichischen Offiziere saßen meist im Grancafè Lavena

auf der vom Marcusdom gesehenen rechten Seite des Marcus-Platzes, die Venezianer gegenüber im 1720 gegründeten Cafè Venezia Trionfante, das schon bald nach dem Gründer Florian hieß. Näher kam man sich

Abb. 14: Heute im Cafè Florian

nicht. Ein schönes Stimmungsbild aus dieser Zeit erzählen die Krimis von Nicolas Remin um Commissario Tron aus der alten Dogenfamilie.

Mit der Einheit Italiens 1866 geht aber auch diese Übergangszeit vorbei. Es gab geradezu eine Neuerfindung Venedigs, sehr gut dargestellt im Katalog „Viva Venezia! Die Erfindung Venedigs im 19. Jahrhundert" anlässlich der laufenden gleichnamigen Ausstellung in Wien (17.2. bis 4.9.2022 im Unteren Belvedere). Und seit 150 Jahren ist Venedig Verwaltungssitz und Touristentempel, in dem insbesondere die grässlichen Mengen von Tagestouristen ihrem Götzen „viel für billig" huldigen.

Zu glauben, die Architektur hätte sich nicht verändert in Venedig, heißt blind durch die Stadt zu laufen. Es gibt eine große Menge an modernen Bauten, die sich harmonisch einpassen. Streitpunkte gibt es natürlich auch dort: Die (bautechnisch) konservative

Einstellung der Venezianerinnen und Venezianer lässt offensichtlich kaum Raum für Neues. Als der Campanile auf dem Markusplatz 1902 einstürzte, sollte er neu gebaut werden *dov'era e com'era*: Wo er war und wie er war. Ein neuer Wohnkomplex gleich zu Anfang des Canal di Cannaregio (schon sichtbar vom Ponte della Libertà), *Sacco di San Girolamo*, vermischt historische Grundzüge mit moderner Fassadengebung. Ähnlich ist auch der 1972 eingeweihte Sitz der *Cassa di Risparmio di Venezia* am Campo Manin ein hochmoderner Bau mit Stilelementen der Renaissance.

Die Moderne hielt mit dem Bau des ersten Bahnhofs 1846 Einzug, die wirklich deplatzierte „Mühle" Molino Stucky am Ende der Giudecca wurde ab 1908 bis 1927 gebaut, gearbeitet wurde da aber nur bis 1958, jetzt beherbergt dieser pompöse Industrieklotz das Hilton, das oben auf dem Dach ein Schwimmbad mit einer wundervollen Bar eingerichtet hat. Wenigstens nachts sehr schön. Auch die Via XXII Marzo, von der Kirche San Moise in Richtung Campo Santo Stefano wurde neu gebaut dadurch, dass vieles einfach abgehackt wurde. Der Campo S. Luca, etwa die Rückseite der Sparkasse Venedigs, ist ein Beispiel gelungener Veränderung: Das am schönsten aussehende Haus ist das jüngste, 1913 erbaute Wohn- und Geschäftshaus im lockeren norditalienischen Stil errichtet.

Glück hatte Venedig in der Zeit des Faschismus. Mussolini war kein rückwärtsgewandter Politiker, er lehnte den schlichten *passatismo*, die Rückbesinnung auf das Alte, ab, wenn es nicht mit einem modernen Italien in Übereinklang zu bringen war (das dann allerdings setzte er brutal und mörderisch um). Stadtbauamtsleiter in Venedig war zu dieser Zeit Eugenio Miozzi, der keine der typischen faschistischen Prunkbauten zuließ, sondern moderat und behutsam Änderungen vornahm. So initiierte er das erste Parkhaus Europas an der Piazzale Roma, das es heute noch gibt, baute am Rio novo passende Häuser und schuf u.a. auch den Ponte degli Scalzi gegenüber dem Bahnhof, eine wunderschöne Brücke aus wei-

Abb. 15: Der Schwung des Ponte del Costituzione, ganz klein im Hintergrund auch der Ponte degli Scalzi

ßem Stein mit herrlichen Schwüngen. Miozzi war eigentlich Ingenieur, deswegen hat er nicht nur die Scalzi-Brücke, sondern auch den Neubau der Accademia-Brücke selbst entworfen. 2008 wurde als vierte und letzte Brücke über den Canal grande der *Ponte del Costituzione* gebaut, eine 94 m lange, geschwungene Stahlbrücke, die Santiago Calatrava entworfen hatte. Miozzi hat allerdings auch die Raffinerie-Anlagen in Porta Marghera und die Industrieanlagen in Mestre zu verantworten - gebaut, der Stadt eine wirtschaftliche Entwicklung zu sichern. Dafür waren auch die Raffinerie-Türme an den Fondamente nouve gedacht. Man sieht sie heute noch als Stahlgerippe, wenn man sich das Vergnügen antut, mit den Linien 4 und 5, den *circolari*, um Venedig herumzufahren. Richtungen: 4.1 und 5.1. *antorario* (gegen den Uhrzeigersinn), 4.2 und 5.2 *orario* (im Uhrzeigersinn).

Schlendern wir also heute durch Venedig, so sehen wir natürlich die Geschichte der Stadt, ihre Unvergleichlichkeit. Wir sehen allerdings auch die Entwicklung zu einem anderen Venedig, einem des Handels, der Kultur und leider auch der fürchterlichen Horden von Tagestouristen, die die Venezianer ganz treffend entweder wegen ihrer pernizös stinkend-verschwitzten Unterhemden als einziger Oberkörperbekleidung als *lumache*, Nacktschnecken, oder wegen ihres Auftretens als *barbari* bezeichnen.
Einzigartig bleibt neben der Architektur aber das, was Venedig ausmacht und auszeichnet vor fast allen Gemeinschaften der Politik: Der Gemeinsinn, das Wir. Das können wir einatmen, gerade wenn wir mit Fremden, aber doch auf eine bestimmte Weise Vertrauten an einem Tisch sitzen oder an einem *banco* (Tresen) einen *caffè* oder auch einen Spritz trinken.

*

Wenn sich Flüchtlinge in einer neuen Gegend ein-
richten, dann werden sie in der Regel nicht primär
einem theoretischen Gedanken über die Art und
Weise des Weiterlebens folgen. In erster Linie, so
dürfen wir Nichtbetroffene unterstellen, geht es um
das Überleben, also Sicherheit vor Tod, Verhungern
oder Erfrieren.

Wenn diese Elementarbedürfnisse erfüllt sind, so
geht es wohl in einem zweiten Schritt zur weiteren
Klärung: Wie bauen wir unser neues Sozialwesen auf
und wie können wir uns vor der Wiederholung solcher Gefährdungen schützen?

Nachdem die neuen Venezianerinnen und Venezianer sich vor den Invasionshorden der Goten, Hunnen
und Vandalen gerettet hatten, begannen sie in der
Tat unverzüglich mit dem Aufbau ihrer Kommune.

Zwei Feststellungen gehören unbedingt zum Grün-
dungsmythos der Stadt:

(1) **Alle waren gleich**: Es gab zumindest auf der ersten Fluchtbewegung keinen Adel mit alten Rechten, keine Sklaven mit alten Titeln und keine
Mittelschicht. Alle Menschen, die sich dort in der
Lagune niederließen, hatten das gleiche Schick-
sal und damit auch den gleichen Weg gewählt.
Sie waren rechtlich gleich.

(2) Die Kommune konnte deshalb überleben, weil sie genau diese Auffassung: **Das Wir entscheidet!** internalisierte. Alle späteren Vorhaben waren diesem **Wir** unterworfen.

Dies betrifft zumindest den ersten von zwei Zuwanderungswellenen in die Stadt. Von den überaus komplizierten Wahlgängen der Dogenwahl über die soziale Gesetzgebung und der einheitlichen Schwarzfärbung der Gondeln ab 1562 oder der mythischen Verlobung der Braut Venedig mit dem Meer: Immer stand dieser Gedanke zur Einheit im Vordergrund.

Und für alle galt das gleiche Staatsziel: Freiheit in Einigkeit.

Nun ist davon auszugehen, dass sich zur Gründung, setzen wir sie nun 421, 697 oder 810 fest, keine Kollegien oder Seminare zur Definition des Begriffes und schließlich zur praktischen Umsetzung gefunden hatten. Freiheit mag in der ersten Zeit einfach der Wunsch gewesen sein, nicht um Leib und Leben fürchten zu müssen und eigene Angelegenheiten selbst bestimmt führen zu können.

Heute bestimmen wir genau diesen Freiheitswunsch als **negative Freiheit**: eine Freiheit *von*. Gemeint ist damit die Abwesenheit freiheitsbedrohender oder -einschränkender Zwänge wie im schlimmsten Fall Gefängnisse oder Ketten. Dieser Ausdruck wird Isaiah Berlin zugeschrieben, einem Sozialphilosophen, der lange in Oxford lehrte. Er unterschied negative Freiheit von positiver: Einer Freiheit *von* (Zwängen, Einschränkungen) einerseits und andererseits der Freiheit *zu* (Entwicklung, Selbstbestimmung). In seinen Worten klingt das natürlich gehaltvoller: „Um die ‚negative Freiheit', wie ich sie nennen möchte, geht es in der Antwort auf die Frage: ‚In welchem Bereich muss (oder soll) man das Subjekt - einen Menschen oder eine Gruppe von Menschen - sein und tun lassen, wozu es imstande ist, ohne dass sich andere Menschen einmischen?' Um die zweite Bedeutung - ich möchte sie ‚positive Freiheit' nennen - geht es in der Antwort auf die Frage ‚Von was oder von wem geht die Kontrolle oder die Einmischung aus, die jemanden dazu bringen kann, dieses zu tun oder zu sein und nicht jenes andere?' Beide Fragen sind klar von einander zu unterscheiden, auch wenn sich die Antworten vielleicht überschneiden" (Berlin, 2006, S. 201).

So modern diese Unterscheidung auch sein mag, Berlin hatte die Ideen dieses Aufsatzes erstmals während seiner Antrittsvorlesung 1958 in Oxford vorgetragen, die Diskussion darüber schwebte schon seit geraumer Zeit durch die Köpfe der Menschen. Denn ohne dass Berlin ihn zitierte, hatte Erich Fromm schon 1941 den gleichen Ansatz in den gleichen Begriffen: „Freiheit ist hier nicht in ihrem positiven Sinne als ‚Freiheit zu etwas', sondern in ihrem negati-

ven Sinn als ‚Freiheit von etwas‘ zu verstehen, nämlich im Sinne der Determination des Verhaltens
durch Instinkte … ‚Freiheit von‘ ist nicht das gleiche
wie positive Freiheit, nämlich ‚Freiheit zu‘" (Fromm,
1980, S. 236 f). Fromm prägte den Begriff also 17
Jahre vor Berlin. Gleich vorweg: Die Neoliberalen sehen das anders: „Der klassische Liberalismus ist aller-
gisch gegen das Konzept der positiven Freiheit. Wer
fragt ‚Freiheit wozu?‘ ist für den echten Liberalen ein
Knecht" (Bolz, 2010, S. 74).

Die Erörterung dessen, was den Gehalt von Freiheit
ausmacht, ist natürlich historisch unterschiedlich.
Können wir uns mit einem Griechen auf der Agora
Athens zu Zeiten Solons oder knapp zwei Jahrhunderte später Sokrates einig darüber werden, was
Freiheit bedeutet? Er (und es wird ausschließlich ein
‚er‘ antworten) wird natürlich von einem universel-
len Recht auf Freiheit ausgehen - universell bezogen
nur auf Männer mit einem bestimmten Besitz.
Frauen hatten in der Antike grundsätzlich keine Freiheitsrechte; wer das Unglück hatte, in einem Krieg
gefangen genommen und als Sklave verkauft zu werden, gleich überhaupt nicht: Mit der Gefangen-
nahme verlor er seine grundsätzliche Menschen-
würde und war plötzlich eine Sache. Dieses Denken
zog sich durch die gesamte Antike und weiter in
Deutschland bis in die Neuzeit, wenngleich wir hier

nicht mehr von Sklaven, sondern von Unfreien sprechen. Im Alten Ägypten gab es wenigstens einen durch einen nicht ausschließlich religiös definierten Ethikkodex, die Ma'at, bestimmte rechtliche Gleichstellung von Mann und Frau.

Sehr langsam wandelte sich das Verständnis von Freiheit als universelles, unteilbares Recht. Wenn wir einzelne Aspekte betrachten, so können wir bis heute weltweit kaum auf ein allgemeines Verständnis von Freiheit stoßen. Die Unterdrückung anderer Meinungen, anderen Aussehens, anderen Glaubens, anderer Lieben oder generell: anderen Lebens ist überall verbreitet.

In Venedig wurde versucht, Freiheit als institutionelles Basisrecht zum Fundament des Staates zu machen. Paradox: Eigentlich kam es dem Zusammenleben der Menschen sehr nahe, die sie kurz zuvor vertrieben hatten. Auch die Goten und Vandalen hatten ein Modell des Zusammenlebens verinnerlicht, das der Agenda bei der Gründung Venedigs sehr ähnlich war (s. z.B. Vössing, 2014).

Freiheit als philosophisches Problem wurde erst mit der Stoa relevant. In der griechischen Philosophie gab es keine Problemdarstellung dazu. Dies mag damit zusammenhängen, dass der Begriff *frei* (ʾελευθηρος) in Zusammenhängen der politischen Organisation, der polis-Struktur gesehen wurde: Das

Gegenteil war eben nicht *gefangen*, sondern *Barbar* zu sein: Ohne Kultur aufzuwachsen. In den späteren Dialogen Platos (Kritias z.B.) fällt oft im Zusammenhang zu frei auch der Begriff der $\Phi\iota\lambda\iota\alpha$, der Freundschaft. Im Gemeinwesen zu leben bedeutete dann nach dieser Denkweise automatisch auch frei zu sein. Insofern war Freiheit keine philosophische, sondern eine gemeindliche, eben: politische Angelegenheit.

Erst in der Stoa bildete sich eine Diskussion über Freiheit heraus. Sie war nach der klassischen Denkweise aber eben auch rein persönlich bezogen und beinhaltete noch keine soziale Komponente. Epiktet (etwa 50 n. Chr. bis nach 100) beschrieb in seinem von einem Schüler herausgegebenen „Handbüchlein der Moral" (1909) Freiheit als Möglichkeit: „Was in unserer Gewalt steht, ist von Natur frei" (S. 17) oder nachdrücklicher: „Du selbst willst doch weder Feldherr noch Senator noch Konsul sein, sondern wahrhaft frei. Dazu führt aber nur ein Weg: Nichtachtung alles dessen, was nicht in unserer Macht steht" (S. 27). Das ist das heute noch sprichwörtlich stoische Verhalten. Da auch das eigene Leben diesen Gedanken unterworfen wurde, so nimmt es kaum Wunder, dass der Selbstmord, sei es als Freitod oder durch Anordnung (wie z.B. Seneca, der 65 von Kaiser Nero den „Auftrag" zur Selbsttötung bekam, vorgeblich im Rahmen eines Mordkomplotts [„Pisonische Verschwörung"]) als freie, unemotionale Tat galt. Nach

Seneca gebe es nur eine einzige wirkliche Fessel im Leben: Die Liebe zum Leben.

Ein solides Sozialsystem, wie von Vertriebenen und Flüchtlingen erfordert, lässt sich auf dieser Basis aber kaum bauen.

Die **christliche Tradition** sieht Freiheit dann nur in Beziehung zu Gott. Luther beschrieb in einer seiner reformatorischen Hauptschriften „Von der Freiheit eines Christenmenschen" Freiheit als Erlösung durch und Glaube an Gott. Diese Schrift wurde während der Bauernaufstände als Hinweis auf auch persönlich-politische Freiheit genommen, was Luther in einem in meinen Augen wüsten Schreiben scharf zurückwies („Wider die mörderischen Rotten der Bauern"). Die Begründung seines theologischen Freiheitsbegriffs sah Luther unter anderem im 1. Korintherbrief: „Denn obwohl ich frei bin von jedermann, habe ich mich doch selbst jedermann zum Knecht gegeben, damit ich möglichst viel gewinne" (1. Kor., 9, 19).

Der antike, beginnend neuzeitliche sowie scholastische und damit christliche Freiheitsbegriff umfasste eine nicht-relationale Erkenntnis: Freiheit gab es danach nur im Individuum (und seiner persönlichen Bezugnahme auf Gott), eine Freiheit wovon oder wozu sowie ein gesellschaftlicher Freiheitsbegriff wurden nicht thematisiert. Gerade dieser letzte Aspekt interessierte aber natürlich geflüchtete und im Neuaufbau einer Gesellschaft beschäftigte Menschen.

Die Entwicklung zur **politischen Freiheit** lässt sich am Beispiel Englands darstellen. Schritt für Schritt wurden dort Emanzipations- und Partizipationsrechte erkämpft - anfangs ausschließlich des Adels gegen die königliche Zentralgewalt (zusammengefasst aus Hawes, 2021, Krieger, 2018, und Maurer, 2020).

Vor der normannischen Invasion durch Wilhelm dem Eroberer war England in verschiedene Herrschaftsgebiete aufgeteilt, die germanischen Ursprungs waren. Hawes (S. 24 f) ist erstaunt-belustigt darüber, dass die Germanen sich an ihre Kultur banden, weil sie in England buchstäblich nichts vorfanden, worin sie sich assimilieren konnten. Sie ersetzten die bisherige Kultur einfach. Und deshalb, so Hawes, verstünden heutige Engländer ihre unmittelbaren Nachbarn, die Waliser, schlechter als einen deutschen Fluch aus der Zeit um 850: *hundes ars in tino naso*, also: hound's arse in thine nose. Sozial waren die meisten germanischen Landbewohner gleichgestellt: Sie bearbeiteten genossenschaftlich das Land, wobei eine große Allmende, ein Flurstück in Gemeinbesitz, allen zur gleichmäßigen Nutzung zur Verfügung stand. Jeder Bauer hatte in einem System „offener Felder" eigene Grundstücke im Gemeindegebiet verstreut, so dass jeder einen Anteil an gutem, schlechtem und brach liegendem Land bearbeiten konnte.

Mit Wilhelm änderte sich ab 1066 dieses System. Wobei sein Sieg eigentlich nur Pech der Angeln und Sachsen war: Sie hatten erst kurz zuvor am 26.9.1066 in der Schlacht von Stamford Bridge ein norwegisches Invasionsheer geschlagen und mussten dann in Gewaltmärschen nach Süden eilen, um sich dann ausgelaugt am 14.10.1066 dem normannischen Heer in Hastings zu stellen – der gewählte König Harold, seine Brüder und ein beträchtlicher Teil des Adels fielen in der Schlacht. Wilhelm drängte sofort nach London, ließ sich dort krönen und veränderte fast schlagartig alles in England. Nach französischem Recht sah er das Land als die *terra regis* an, also als sein „Königsland" und damit sein Eigentum, das er an Günstlinge zum Lehen geben konnte. Er entwarf Verwaltungsdistrikte, die Shires, wo ihn ein Sheriff als Verwaltungsbeamter vertrat. Dieses System basierte auf den beiden Grundwerten des Mittelalters: Landleihe (Lehen) und Treue. Das horizontal gleichberechtigt Gemeinsame wurde weitestgehend zugunsten einer vertikalen Machtbeziehung abgeschafft.

Nach verschiedenen Intermezzi, in denen sich die Spaltung des Landes in eine französischsprechende Elite und ein englischsprechendes Volk verfestigte, betrat mit Richard I „Löwenherz" eine Figur die Geschichte, die ihresgleichen kaum findet. Er sprach wohl Hoch- als auch normannisches Französisch, dichtete angeblich auf Latein, aber die Sprache seines Volks verstand er nicht. Etwa sieben Monate seiner zehnjährigen Amtszeit war er ohnehin nur in seinem Land, das er mit Steuern und Abgaben in einer bisher nicht bekannten Weise aussaugte. Richard hatte ein Desaster auf seinem Kreuzzug erlebt und wurde dazu noch auf dem Rückweg gefangen genommen und an den römisch-deutschen Kaiser Heinrich VI übergeben, der für seine Freilassung 100.000 Silbermark forderte. Als die Summe zusammen gesammelt war (obwohl der französische König Philipp II und Richards Bruder Johann „Ohneland" 80.000 Silbermark geboten hatten, damit er **nicht** freigelassen würde), schrieb Philipp an Johann: *Pass auf dich auf, der Teufel ist los*. Es kam zu einer Versöhnung, die wieder das Volk büßen musste: Mit neuen Steuern und Abgaben. Schließlich übertrieb Johann, 1199 nach Richard König geworden, den Druck. Er brauchte Geld, um gegen Frankreich Krieg zu führen. In der Schlacht von Bouvines in Flandern erlitt das englische Heer eine deutliche Niederlage mit der Folge, dass damit das moderne, einheitliche Frankreich entstand und Johann vom mittlerweile überdrüssigen Adel ein Schriftstück zur Unterschrift vorgelegt bekam: Die *Magna Charta Libertatum* von 1215. Hätte er nicht unterschrieben, wäre das wohl sein Tod gewesen.

In unterschiedlichen Schriftarten von unterschiedlichen Autoren wurden unterschiedliche Dinge aufgelistet, die sich zudem teilweise auch widersprachen. Eins aber bedeutete die Magna Charta: Die erste Regelung, nach der auch ein König unter dem Gesetz stand. Damit hatte der Adel für sich nach langen Kämpfen ein Stück politische Freiheit erkämpft. Und mit der wusste er umzugehen: Das System der „offenen Felder" wurde rasch zugunsten einer Einhegung geändert mit der Folge, dass die freien Bauern keinen Anspruch mehr auf ihre eigenen Felder hatten. Die Einhegung muss man wörtlich verstehen: Es gab eine Form der „Flurbereinigung", die Felder zusammenlegte und mit Hecken umgab. Die Allmende wurden aufgelöst und anteilsmäßig den dann Landbesitzenden zugesprochen. Die Emanzipation des Landadels führte zu einer Knechtung der Landbevölkerung.

Letztlich gab es ab 1679 auch ein Gesetz, das den alten Rechtsgrundsatz, jemanden, der wegen einer Straftat angeklagt und verhaftet war, auch zu hören: Den *Habeas Corpus Act*. Habeas corpus bedeutet wörtlich übersetzt: Du sollst (deinen) Körper (=Person) haben. Eigentlich war damit eine Vorladung gemeint: Du sollst deine Person zur Verfügung halten. Jetzt wurde nunmehr also das Recht auf einen Haftprüfungstermin kodiert – etwas, was es vorher wohl schon gab, aber nicht festgelegt war. Dies ist damit das erste außervenezianische Gesetz, das individuelle Freiheit beschrieb. Zehn Jahre später, 1689, entstand dann der *Bill of Rights*, eines der ersten Gesetze, die einem Parlament Rechte gegenüber dem König sicherten.

Dies habe ich deswegen so überaus ausführlich beschrieben, um einen Vergleich zur Entwicklung Venedigs zu ermöglichen: Der Habeas Corpus Act, als Errungenschaft gefeiert, wurde über 400 Jahre, nachdem 1272 in Venedig ein ähnliches Gesetz beschlossen wurde, verabschiedet. Dazu siehe oben: 1215, 1679 oder 1689 im Vergleich zu Venedig.

Die Serenissima Repubblica di Venezia, der Stato da Mar, stand damit genau vor dem Problem, das wir mittlerweile als „Böckenförde-Theorem" kennen: Die Erkenntnis, etwas um den Preis des Gegenteils zu sichern. Ernst-Wolfgang Böckenförde beschrieb es so: „Der freiheitliche, säkularisierte Staat lebt von Voraussetzungen, die er selbst nicht schaffen kann" (1991, S. 112). Weil die Freiheit für alle Bürger und Bürgerinnen zum Gründungs- und Lebensmythos der Stadt Venedig geworden waren, musste alles dem Erhalt dieser Freiheit untergeordnet werden. Daraus erwuchs eine grobe individuelle Illiberalität. Ausländische Geschäftspartner durften zu Hause nicht empfangen werden, Liebesbeziehungen zwischen Venezianern und Ausländern waren nicht gestattet und wurden zum Teil mit dem Tode bestraft. Die Denunziation nahm groteske Züge an: Für anonyme Anschuldigungen gab es die *Bocche*: Löwenmäuler als Briefkastenschlitze für anonyme Einwürfe. Genau diese überbordende Illiberalität im Dienste der Liberalität machte Venedig Napoleon so verhasst. Napoleon vertrat ja immer noch (zumindest teilweise) die Prinzipien der französischen Revolution.

Damit hatte es der Staat Venedig auf Sicht schwer, „ein Gefüge der Kooperation, das Individualrechte sichert und gemeinsam verantwortete politische Gestaltung erlaubt" (Nida-Rümelin, 2006, S. 19), kontinuierlich zu gestalten. Norbert Bolz beschreibt diesen Zusammenhang zu Beginn einer Essaysammlung so: „Fast alle anspruchsvollen Freiheitsbegriffe, mit denen wir es im folgenden zu tun haben, ignorieren die natürliche Freiheit des Einzelnen – kulturell und sozial durchaus zu Recht. Denn Gesellschaft wird erst dann möglich, sobald sich eine Mehrheit gegen jeden Einzelnen formiert. Die Macht der Gemeinschaft veredelt sich zum ‚Recht', und denunziert die Macht des Einzelnen als ‚Gewalt'" (2010, S. 11). Woher allerdings die Neoliberalen wie Bolz immer „natürliche Freiheitsrechte" ableiten und sie gegen unnatürliche oder gar widernatürliche abgrenzen, habe ich nie verstanden. Ich stelle mir vor, eine größere Gruppe von Flüchtlingen wie die Ur-Veneter hätte Bolz dozieren gehört: „Die einfache Botschaft des Western ‚High Noon' bietet jedem Liberalen Seelennahrung: Wenn es ernst wird, versagt die Gruppe und verkriecht sich in Angst … Die Gruppe ist die Gemeinschaft ohne Verantwortung, Verpflichtung und Leistung" (S. 97). Man hätte ihm in Venedig eine Narrenkappe aufgesetzt - oder ihn allein auf einer Insel zurückgelassen, weil Neoliberale ja immer alles allein am besten können. In die tiefste Seelenstruktur aller Venezianer und Venezianerinnen ist nach der Fluchterfahrung die Sehnsucht nach Freiheit eingebrannt gewesen, auch die Freiheit vor Katastrophen - oder aber ihr gemeinsames Ertragen: Das Wir entscheidet. Von den Neoliberalen wird diese Freiheit allerdings denunziert. Wiederum Bolz: „Mit dem Terror seiner Wohltaten rückt uns der vorsorgende Sozialstaat derart auf den Leib, dass die Distanz der Kritik eingezogen wird" (S. 71) oder: „Wir können deshalb den vorsorgenden Sozialstaat als Hoheitsverwaltung der Hilflosen definieren" (S. 73). Den Neoliberalen um Bolz, Hayek, Milton, Nozick oder aktuell Lindner & Co. gelingt es nicht, Freiheit anders zu sehen denn als Sprache des Egoismus in der Grammatik der Ökonomie. Ein Miteinander gibt es in ihrer Welt nicht. Aber gerade darauf gründete sich Venedig. Als Bremer Küstenhanseat sehe ich z.B. den Deichbau und vor allem dessen Erhaltung als lebensnotwendiges

Gemeinschaftswerk für die Menschen in der Umgebung, so dass es besondere Aufgaben und Verantwortlichkeiten gab (sehr ausführlich dargestellt in Kramer, 1989). Man fragt sich, wie das freie Individuum der Neoliberalen eine solche Aufgabe alleine bewältigt hätte: Wie lange hätte ein neoliberaler Solitärschaufler wohl arbeiten müssen, um die Weser-Deiche zu errichten – und sei es nur für sich? Nozick schreibt gleich in der Einleitung zu seinem Hauptwerk: „Unsere Hauptergebnisse bezüglich des Staates lauten, dass ein Minimalstaat, der sich auf einige eng umgrenzte Funktionen wie den Schutz gegen Gewalt, Diebstahl, Betrug oder die Durchsetzung von Verträgen beschränkt, gerechtfertigt ist; dass jeder darüber hinausgehende Staat Rechte der Menschen, zu gewissen Dingen nicht gezwungen zu werden, verletzt und damit ungerechtfertigt ist; und dass der Minimalstaat durchaus attraktiv wie auch das Rechte ist" (2006, S. 13)[1]. Bolz fasste das prägnanter zusammen: „Der Staat muss seinen Bürgern eine sichere Lebensführung ermöglichen, also seine körperliche Unversehrtheit garantieren und sein Eigentum schützen - aber nicht mehr" (S. 72).

---

[1] Begeistertes Vorwort dazu vom wegen gemeinschaftsschädlichen Steuerbetrugs vorbestraften Freiheitsförderer Otto Graf Lambsdorff. - Fairerweise ist zu erwähnen, dass Nozick in einem späteren Buch (1993) ein wenig von seiner Extremmeinung abrückt.

Für diejenigen, die auf einer Flucht buchstäblich alles außer ihrem Leben verloren haben, klingen die Mantren der Neoliberalen wie Hohn: „Das Eigentum ist das Außenskelett des Individuums. Es steht für Leistung und gegen Daseinsfürsorge, für Prestige und gegen Neid, für Individualität und gegen Gruppenzwang" (S. 52). Gerade weil der Staat Venedig sich diesem individual-materialistischem Menschenbild **nicht** angeschlossen hat, war er über 1.600 Jahre hinweg so überaus erfolgreich. Die Fähigkeit des Menschen zu solidarischem Handeln hat Venedig erfolgreich werden lassen. Der Neoliberalismus taugt für Seminare oder für ein Versuchsfeld, das unter Mord und Folter „bereinigt" wurde von jeder Kritikmöglichkeit[2]. Er ist aber unfähig, eine Gesellschaft stabil zu gestalten.

Da der Freiheitsbegriff der Neoliberalen ausschließlich um Eigentum und Wettbewerb kreist, der Mensch als Wirtschaftswesen erfasst wird, stellt Crouch verwundert „die verblüffende Verwandlung von Menschen in Rechenmaschinen (2015, S. 49) fest. Nida-Rümelin (2010) hat in einer dichten Darstellung die drei Hauptfaktoren des Neoliberalismus dargestellt – und widerlegt.

---

[2] Wie nach 1973 in Chile, als Pinochet die neoliberalen Wirtschaftler um Milton Friedman (die „Chicago Boys") ins Land holte und ihnen das von Freiheitsrechten und Gewerkschaften bereinigte Land als Versuchslabor anbot.

Die Neoliberalen sind nicht anders vorstellbar als gesättigte Wohlstandsbürger, zu deren Freiheit ein SUV gehört, mit dem sie ihre Kinder in den Wald pflügen, um dort in einer elitären KiTa Freiheit zu erlernen, die keine Sorgen um die eigene Existenz haben, die Erlebnisse wie die immer noch (Juni 2022) aktuelle Corona-Pandemie oder das Massaker des Putin-Regimes in der Ukraine für sich ausblenden. Zur Definition der anderen Meinungen gehören auch immer Haudrauf-Ausdrücke wie *Terror* (Bolz, s.o.), *Knecht* (Bolz, s.o.) oder *Knechtschaft* (als Ausdruck für den Sozialstaat, z.B. Hayeks Buchtitel: „Der Weg zur Knechtschaft"), *Versklavung*, *Dressur* usw. Die Lektüre neoliberaler Elaborate ist ein Duett grellschmetternder Fanfaren und dumpfbassiger Pauken.

Hätten die Venezianerinnen und Venezianer der Gründergeneration nach diesem Freiheitsbegriff gelebt: Sie hätten noch nicht einmal eine einzige Insel erschlossen. Geschweige denn einen Deich gebaut.

Die Neoliberalen leiten ihre Überlegungen häufig von John Stuart Mill (1806 – 1873) ab. Mills Vater James war ursprünglich Theologe, hatte aber keine einträgliche Pfarrstelle bekommen, so dass er sich mit dem Schreiben kleiner Aufsätze und Übersetzungen ein Existenzminimum sicherte. Später, als Psychologe, entwickelte er eine Theorie des Hedonismus und arbeitete mit Jeremy Bentham zusammen, einem Philosophen, „der für das größte Wohlbefinden für möglichst viele kämpfte" (Ackerknecht, 1977, S. 185) Bentham entwickelte als psychiatrisches Krankenhaus und gelichzeitig als Gefängnis das „Panoptikum" (vergl. dazu auch Schott/Tölle, 2006, S. 282 ff; Jetter, 1981, S. 85 ff). Das sei nur deshalb aufgeführt, weil James Mill seinen Sohn im Gegensatz zur eigenen Theorie des Hedonismus völlig emotionslos und affektfrei erzog: Gefühle kamen nie zur Sprache, „seine gesamte Erziehung war auf die rationale Bewältigung intellektueller Probleme ausgerichtet gewesen" (Birnbacher, 1981, S. 136; vergl. zu biografischen Hinweisen auch: Gaulke, 1996; Rinderle, 2000, Kuenzle/Schefczyk, 2009). Mit drei Jahren bereits soll Mill gleichzeitig englisch und griechisch gelernt haben, noch als Schüler hatte er den ganzen Horaz aus dem Lateinischen übersetzt. Emotionale Regungen seien ihm völlig fremd gewesen. Das änderte sich erst mit der Liebe zu Harriet Taylor, seiner geistigen Freundin und späteren Ehefrau, der er nach eigenen, allerdings von Zeitgenossen nicht bestätigten Meinungen alles verdanke und die er wissend und geistig über sich stellte. Eines seiner Essays („Die Unterwerfung der Frauen", Mill/Taylor Mill, 2020) stellt sie als Co-Autorin dar, obwohl das Buch zehn Jahre nach ihrem Tod erschien. Auch in „Über die Freiheit" stellt Mill sie in einem hymnischen Vorwort vor.

Wir verstehen vielleicht Aussagen von Philosophen besser, wenn wir uns ihnen über ihre Biografie nähern. Mill gilt als der erste Interpret der individuellen Freiheit. Schauen wir uns die beiden Grundprinzipien des Neoliberalismus an, Individualität und Rationalität, so sehen wir: Auch dem N. fehlt jede Form emotionaler Äußerung, es muss alles rational auf das individuelle Wohl ausgerichtet sein. Zudem müssen wir auch Mills individuelle Situation zumindest mit in Betracht ziehen: Nur geistig, keinesfalls emotional erzogen, fand er sich später in der Liebe zu einer verheirateten Frau, die zwar bis zum Tod des Ehemanns verheiratet blieb, aber von ihm getrennt lebte. In der damaligen gesellschaftlichen Situation (den klassischen Staat gab es noch nicht, die Steuern waren gering, dafür gab es desto mehr zu berücksichtigende Konventionen und Moralvorstellungen) stand Mill gesellschaftlich als Außenseiter da, sogar seine Eltern erschienen nicht zu seiner Hochzeit zwei Jahre nach dem Tod des ersten Mannes seiner Frau. Freiheit im Sinne „sein eigenes Leben in Ruhe führen zu können" war ihm also ein Desiderat. Mills Werk „Über die Freiheit" plädiert demzufolge für individuelle Freiheit, so zu leben, wie er es für richtig halte, als Prinzip. Da es den Staat in unserer Vorstellung eben noch nicht gab, richtete sich Mills Freiheitsbegriff auch ganz besonders an Konventionen und Moral. Eigentlich ist der der Einleitung folgende Text redundant, denn der ist bestenfalls nur eine umfangreiche Ergänzung. Als wirklichen Philosophen lässt sich Mill auch kaum beschreiben, er bearbeitet in seinen Schriften kaum andere Gedanken, sondern gibt zu seinen eigenen in der Regel genaueste Sachverhalte, die sich dann auch noch oft widersprechen[3].

Seine Kernaussage: „Der Zweck dieser Abhandlung ist es, einen sehr einfachen Grundsatz aufzustellen, welcher den Anspruch erhebt, das Verhältnis der Gesellschaft zum Individuum in Bezug auf Zwang oder Bevormundung zu regeln, gleichgültig, ob die dabei gebrauchten Mittel physische Gewalt in der Form von gerichtlichen Strafen oder moralischer Zwang durch öffentliche Meinung sind. Das Prinzip lautet: dass der einzige Grund, aus dem die Menschheit, einzeln oder vereint, sich in die Handlungsfreiheit eines ihrer Mitglieder einzumengen befugt ist, der ist: sich selbst zu schützen" (Mill, 2010, S. 18f). In den folgenden Kapiteln beschäftigt sich Mill dann mit den Grundlagen der Forderung, nämlich Gedankenfreiheit, Handlungsfreiheit und Grenzbereiche. Widersprüchlich sind dabei einige Forderungen: Als der Gedankenfreiheit zugrunde liegend fordert er gesetzliche Bildung, die jedoch nicht in staatlichen, sondern in frei gewählten privaten Schulen vonstattengehen

---

[3] So ist Mill in dem Band „Freiheitstheorien in der Philosophie der Neuzeit" (Steinvorth, 2007) noch nicht einmal erwähnt.

sollte, wobei dann allerdings der Staat wiederum für die Ergebniskontrolle, also schlicht für die Prüfungen, zuständig sei. Diese Kette ist in sich nicht schlüssig, denn wenn freie Schulwahl, warum dann öffentliche Prüfungen zu wo und durch wen festgelegten Kriterien?

Die Freiheit, die Mill fordert, ist ganz offensichtlich eine Klassenfreiheit, obwohl er expressis verbis eine Aufhebung der Klassengegensätze fordert. In seiner kurzen Zeit als Unterhausabgeordneter hatte er schon sehr früh eine erstaunliche große Minderheitenpetition für ein Frauenwahlrecht zusammen gefunden. In einigen Essays versucht Mill ein demokratisches Wahlrecht zu diskutieren (z.B. Mill 2013). Zu diesen Gedanken kam er nach Diskussionen mit Thomas Hare, einem Rechtsanwalt, der eine Formel für ein demokratisches Wahlsystem entwickelte (heute angelehnt als Rechenformel gerade bei Kommunalwahlen als Hare-Niemeyer-Zählverfahren bekannt).

Mills Freiheitskonzeption mag für diejenigen interessant sein, die nicht am Anfang eines Weges stehen. Ein Prinzip „sich selbst zu schützen" als Aufgabe der Gemeinschaft einem Individuum gegenüber, das gerade vor Mord und Brandschatzung geflohen ist, als oberste Richtschnur zu erheben, ist zu kurz. Mills Liberalismus geht vom Individuum aus, das sich den

Anforderungen der Öffentlichkeit entgegenzustellen habe.

Avishai Margalit, der seine philosophischen Untersuchungen dem Thema *Würde* gewidmet hat, definiert Freiheit schlicht als „Bedingung, die uns in die Lage versetzt, zu bekommen, was wir wollen" (In: Nida-Rümelin/Thierse, 2001, S. 26). Gerade weil es sich um einen Diskussionsbeitrag handelt, schiebt er schnell erklärend nach, dass diese „offenkundige Antwort" nicht erkläre, weshalb Freiheit so wichtig sei. Denn, ganz genau so offenkundig, kann Freiheit nicht mit der Befriedigung materieller Bedürfnisse gleich gesetzt werden.

Erich Fromm beschäftigt sich in seiner ersten großen analytisch-sozialpsychologischen Untersuchung „Die Furcht vor der Freiheit" (1941) mit der Wechselwirkung zwischen psychologischen und soziologischen Faktoren innerhalb der Gesellschaft. So lautet die These dieses Buches, „dass der moderne Mensch, nachdem er sich von den Fesseln der vor-individualistischen Gesellschaft befreite, die ihm gleichzeitig Sicherheit gab und ihm Grenzen setzte, sich noch nicht die Freiheit - verstanden als positive Verwirklichung seines individuellen Selbst - errungen hat ... Die Freiheit hat ihm zwar Unabhängigkeit und Rationalität ermöglicht, aber sie hat ihn isoliert und dabei ängstlich und ohnmächtig gemacht" (S. 217 f).

Fromm sieht in der gegenwärtigen Kultur (er beschäftigt sich, wie er oft betont, mit dem „modernen Menschen", leitet also keine seit Ewigkeiten bestehenden Wahrheiten ab), drei Fluchttendenzen[4], dem Dilemma zwischen Freiheit und Isolierung zu entkommen: Die Fluchten ins Autoritäre, ins Destruktive und ins Konformistische. Alle Auswege seien mit Freiheit nicht vereinbar. Als Lösung sieht er seinen Kernthese: „Zur positiven Freiheit als der Verwirklichung des Selbst gehört die volle Bejahung der Einzigartigkeit des Individuums" (S. 371). Weiter führt er aus: „Hieraus folgt, dass die Verwirklichung der positiven Freiheit und des Individualismus auch an ökonomische und soziale Veränderungen gebunden ist, die es dem einzelnen ermöglichen, im Sinne der Verwirklichung seines Selbst frei zu werden" (S. 375). Erich Fromm sieht den freien Menschen in einem sozialen Bezug, völlig anders als die Neoliberalen mit ihrer Robinson-Crusoe-Metaphorik: „Alleine geht es am besten!"

Einen anderen Schritt zeigt Nida-Rümelin. Freiheit ist, ganz pauschal zusammengefasst, Ergebnisoffenheit im Rahmen einer Deliberation (2005, S. 61). Das beinhaltet einzelne Bestandteile wie Handlungs-, Willens- und Entscheidungsfreiheit in unterschiedli-

---

[4] Der deutsche Titel „Die Furcht vor der Freiheit" gibt die Intention Fromms nicht so gut wieder wie das Original „Escape from Freedom".

chen Kontexten. Letztlich kann unter diesem Aspekt auch die neurophysiologische These nicht gehalten werden, dass das menschliche Gehirn ein deterministisches System sei: Alle Entscheidungen seien festgelegt durch vorbestimmte Reaktionsmuster, dem auch höhere Säugetiere unterworfen seien. Dass das sogar für die *schwarzbauchige Fruchtfliege* (Drosophila melanogaster, meine Lieblingstaufliege) nicht stimmt, gleichwohl denn erst recht nicht für Menschen, kann sogar ich jeden Sommer selbst beobachten: Versammeln sich diese Fruchtfliegen auf unserem Obstkorb und wische ich mit der Hand durch die Luft, so steigen viele auf und flirren umher, manche setzen sich sehr schnell wieder auf meinen Apfel und einige bleiben gleich ganz sitzen. Wenn sogar Fruchtfliegen eine Wahl für eine Reaktion haben, wie denn erst Menschen? Wir müssen also von einer Wahlfreiheit ausgehen, die die Grundlage jeder Freiheit bildet.

Bezogen auf Venedig lässt sich das Freiheitsverständnis der geflüchteten Venezianer und Venezianerinnen beschreiben als das einer kommunitaristischen Freiheit mit individuellen Rechten, die aber dem Individuum ein bestimmtes Maß an Freiheit entziehen kann, um damit das Freiheitsmaß für alle zu sichern. Das bedeutete eine persönliche Entfaltung für alle in dem Rahmen, in dem die Freiheit der Gemeinschaft nicht gefährdet war. Diese Idee beinhaltete in der Konsequenz auch eine Ungleich-verteilung an Reichtümern und Einfluss bei Vorsorge für alle. Jeder und jede hatte einen Platz, der gesichert durch die Zusammenarbeit aller war. Und diese Auffassung, heute (2015 - 2017) wieder auf Plakaten mit verschiedenen Motiven, die allesamt Menschen in Arbeitspositionen zeigen, die erkennbar nicht zu den Bestverdienern gehören, galt

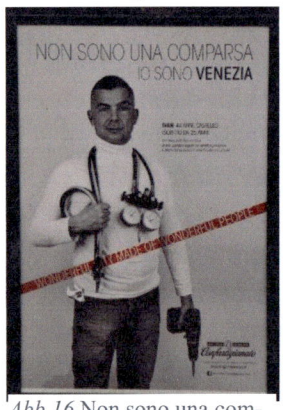

Abb.16 Non sono una comparsa, io sono **Venezia**.

von Anfang bis heute: „Ich bin kein Statist, ich bin **Venedig**."

Illiberalität heutzutage wird verbunden mit einer Autokratie wie dem hochkorrupten System des Viktor Orban in Ungarn, der seine Regierungsmachenschaften ja selbst als „illiberale Demokratie" versteht. Ein durch und durch korruptes, mit Menschenleben zynisch umgehendes Regime lässt sich jedoch nicht in Verbindung zu Venedig bringen.
Weiter in der aktuellen Diskussion ist Illiberalität auch verknüpft mit dem Begriff der „Cancel Culture", dem gedanklichen oder tatsächlichen Auslöschen

von Begriffen oder unterstellten Haltungen. Ist das, was wir als *Politcal Correctness* kennen, anfänglich der Versuch gewesen, mit allen höflich und respektvoll umzugehen, so haben sich jetzt (2020) 153 us-amerikanische Autoren und Autorinnen in einem Aufruf gegen Intoleranz und eine immer mehr einschränkende Debattenkultur gewehrt. Interessant: Die Autoren kommen fast alle aus dem linksliberalen Spektrum: Z.B. Noam Chomsky, Michael Walzer, Margret Atwood oder Francis Fukuyama, während eine ähnliche Aktion in Deutschland eher von Rechten gestartet wurde.

Unabhängig davon: Autoren wie Kant oder Hegel wegen angeblichem Rassismus oder Luther und Marx wegen unterstelltem Antisemitismus nicht mehr lesen zu wollen, bedeutet zunehmende geistige Verarmung, beklemmende Illiberalität und vor allem einen gefährlichen Antihistorizismus: Autoren des 16., 18. oder 19. Jahrhunderts mit den Worten von heute messen zu wollen, kann nur schlecht enden.

Binnenmajuskel oder intraverbiale Interpunktionszeichen nicht adäquat einzusetzen, Zeitumstände und die dann üblichen Haltungen zu missachten oder zwar zu einem im Grunde harmlosen Weihnachtskeksbacken einzuladen, aber nicht gleichzeitig zu Chanukka (jüdisches Lichterfest zur Erinnerung an die Wiedereinweihung des zweiten Tempels 164 v. Chr.) oder aber, sollte er gerade in November oder

Dezember fallen, nicht gleich auch zu Mawlid an-Nabi (dem Lichterfest zu Ehren der Geburt des Propheten), dies ist mittlerweile zu einem Politikum geworden, das Formales über Inhaltliches stellt. Damit herrscht aber eine starke Illiberalität: Es ist eigentlich nicht einzusehen, seine eigenen Traditionen nicht begehen zu dürfen, ohne gleichzeitig andere, vielleicht fremde auch zu zelebrieren. Alles im Namen der Toleranz. Auch diese Form hat nichts mit Venedig zu tun.

Ausgeprägt antiliberal war der Staat Venedig in Dingen, die gemutmaßt paradoxerweise die Offenheit der Stadt beeinträchtigen konnten. So waren Kaufleute aus der ganzen damals bekannten Welt zwecks Handels in Venedig zwar hochwillkommen, sie hatten aber in den ihnen zugewiesenen Orten zu bleiben. Der *Fondaco dei tedeschi* (Handelsplatz der Deutschen) neben der Rialto-Brücke war den Deutschen zugewiesen, die dort zu wohnen und zu handeln hatten. Lediglich während der Tageszeit durften sie ihre Handelsstätte verlassen, ansonsten mussten sie dort leben, wohnen und ihre Geschäfte abwickeln (Nachdem der Fondaco zwischenzeitlich Hauptpostamt war, hat die Familie Beneton jetzt unter dem alten Namen ein Kaufhaus der Superlative errichtet - was den Luxus angeht. Sogar die Rolltreppenstufen sind rot. Und von der Dachterrasse aus gibt es einen wundervollen Blick über die Stadt). Ungewöhnlich war dieses Verhalten nicht: Auch die venezianischen Kaufleute in Alexandria oder Konstantinopel mussten im eigenen Bereich wohnen, der nachts und an muslimischen Festtagen verschlossen wurde. Illiberal war aber dieses: Juden mussten auf Druck der Kirche ab 1516 in einem gesonderten Gebiet wohnen, es wurde eine Insel im Sestiere Cannaregio, auf der vorher eine Gießerei gestanden hatte. Der Name Geto (später verhärtet zu Gheto oder Ghetto) kommt von getare = gießen. Nirgendwo in Europa hatten die Juden solche Rechte wie in Venedig, was vor allem Rechtssicherheit bedeutete. Noch 1463 hatte Patriarch Bessarion in einem Gutachten erklärt, von den Juden gehe keine Gefährdung des christlichen Seelenheils aus, sie seien daher zu respektieren. Die Änderung der Meinung hat mit dem enormen Druck der Dominikaner- und Franziskaner-Orden zu tun, die Inquisitionsschergen der Kirche. Fatal wurde dann der Streit mit der Liga von Cambrai und der verlorenen Schlacht von Agnadello 1508, so dass Venedig zu schwach war, sich länger zu halten. Das Ghetto entstand – und damit der Begriff für alle ähnlichen Einrichtungen (höre dazu die traurige Schnulze von Elvis Presley: In the Ghetto).

Streng verboten war es für Ausländer, über Nacht in einem venezianischen Haus zu bleiben. Im schlimmsten Fall konnte es die Todesstrafe des Gastgebers nach sich ziehen. Die Todesstrafe wurde auch angedroht bei Liebesbeziehungen zwischen Venezianern und Frauen aus anderen Ländern, im umgekehrten Fall konnte es Verbannung bedeuten (Frauen hinzurichten war absolut unüblich). Die beliebten *felze*, die Überdachungen auf den Gondeln für zwei bis sechs Personen, sollten vor Regen und Wind schützen, natürlich aber auch vor indiskreten Blicken (so werden wahrscheinlich in der Diskretion der Felze mehr Schäferstündchen stattgefunden haben als in den dafür buchbaren *casins*, zu denen ab zwei Uhr nachts Kerzen für kurzentschlossene Pärchen lockten). Deswegen wurden sie schnell Beobachtungsobjekt der staatlichen Behörden und sehr häufig kontrolliert. Das wurde bald so lästig (und indiskret), dass die Felze allmählich aus dem Stadtbild verschwanden.

Die *bocche dei leoni* (Löwenmäuler) waren Einwurfschlitze für anonyme Beschwerden. Darin konnte es um alles gehen. Und jedes Löwenmaul gehörte auch zu einer eigenen Behörde mit unterschiedlichen Kompetenzen und Aufgaben. Z.B. war und ist bis heute gleich rechts neben dem Eingang der Kirche *Santa Maria della Visitazione* in Dorsoduro (Zattere ai Gesuati, ein paar Meter neben meinem Lieblingshotel „La Calcina") eine *bocca* befestigt, die aber nur Beschwerden über Vermüllung und illegale Entsorgung zu bearbeiten hatte - ein durchaus auch heute noch aktuelles Phänomen, wenn auch nach den letzten Reformen längst nicht derart akutes - ganz im Gegenteil: Die venezianische Müllversorgung leistet Hervorragendes. Die Anschuldigen konnten anonym vorgebracht werden, der Kläger brauchte sich nicht zu identifizieren, was auch der Denunziation Tür und Tor öffnete. Allerdings hatte Venedig gegenüber allen anderen Staaten, die das System natürlich, wenn auch in anderer Form hatten, eine Besonderheit: Die Anklagen durften sich nur gegen Staatsbedienstete richten, nicht gegen Privatpersonen. Positiv gewendet lässt sich dieses System der Illiberalität sogar noch als demokratisches Instrument darstellen: Jeder hatte eine Stimme, auch die kleinen Leute konnten sich direkt bei den Oberinstanzen beschweren, Staatsbeamte wussten, dass ihre Tätigkeit überprüft werden konnte und dass sich Korruption meist nicht lohnte. Denn im Prinzip wurden alle Angaben bearbeitet, die mit Namen unterzeichneten jedoch vordringlich. Es setzte schwerste Strafen, logen entweder der Kläger oder der Angeklagte. Zimperlich war man in keinem Land der Welt in der Zeit ab dem 15. Jahrhundert.

Das System der Bocche stabilisierte tatsächlich Venedig. Und dennoch war es der Grund für Napoleons Hass auf die Stadt. Am Fuß der *Scala dei Giganti* im Dogenpalast findet man noch zwei kleine Schlitze, die Reste der Meldekästen, denn die Franzosen

hatten die äußeren *bocche dei leoni* sofort abge-
schlagen.

Illiberalität in Venedig sollte zweierlei dienen: dem
Schutz der Gemeinschaft vor äußeren Feinden und
dem Schutz des einzelnen vor ungerechter Behand-
lung durch Staatsbeamte. Insofern war sie eine Einrichtung zum Erhalt des Wir: Non sono una comparsa. Io sono Venezia. Auf einen gemeinsamen
Spritz!

*„Sind die Bilder des Gedächtnisses erst einmal
mit Worten festgelegt, verlöschen sie", sagte
Polo. „Vielleicht fürchte ich mich davor, das
ganze Venedig auf einmal zu verlieren, wenn ich
von ihm spreche. Oder vielleicht habe ich es,
während ich von den anderen Städten sprach,
schon nach und nach verloren."*
Italo Calvino: Die unsichtbaren Städte (1984, S.
101)

Literatur

Ackerknecht, Erwin: Geschichte der Medizin. Stuttgart: 1977³ (Enke)

Baur, Eva Gesine: Amor in Venedig. München: 2009 (Beck)

Benrath, Karl: Geschichte der Reformation in Venedig. Halle: 1886 (Niemeyer)

Bergdolt, Klaus: Deutsche in Venedig. Regensburg: 2021 (Morsbach)

Berlin, Isaiah: Zwei Freiheitsbegriffe. In: Freiheit. Vier Versuche. Frankfurt: 2006 (Fischer), S. 197 – 256. (Or.: On Liberty, London: 1969)

Bettini, Sergio: Venezia, nascita di una città. Milano: 1988 (Electa)

Bianchi, Aglaia: Venedig als Labyrinth. Regenburg: 2018 (Schnell & Steiner). Schriftenreihe des deutschen Studienzentrums in Venedig

Birnbacher, Dieter: John Stuart Mill. In: Ottfried **Höffe** (Hg.): Klassiker der Philosophie, Bd. 2, S. 132 – 152. München: 1981 (Beck)

Böckenförde, Ernst-Wolfgang: Recht, Staat, Freiheit. Frankfurt: 1991 (Suhrkamp)

Bolz, Norbert: Die ungeliebte Freiheit. München: 2010 (Fink)

Byron, George Gordon Lord: Marino Faliero, Doge von Venedig Frankfurt: 1883 (Neumann)

Calimani, Riccardo: Die Kaufleute von Venedig. Die Geschichte der Juden in der Löwenrepublik. Düsseldorf: 1988 (Claassen; Or.: Storia del Ghetto di Venezia. Milano: 1988, Rusconi)

Calvino, Italo: Die unsichtbaren Städte. München: 1984 (Hanser, Or.: Le città invisibile, Torino: 1972, Einaudi)

Cornwell, John: Wie ein Dieb in der Nacht. Der Tod von Johannes Paul I. Wien: 1989 (Zsolnay, Orig.: A Thief in the Night, 1988).

Crouch, Colin: Die bezifferte Welt. Berlin: 2015 (Suhrkamp, Or.: The Knowledge Charakters, Cambride: 2015, Polity Press)

Da Mosta, Andrea: I dogi di Venezia. Firenze: 2003 (Giunti)

De Pizan, Christine: Wege in die Stadt der Frauen. Zürich: 1996 (Leib und Seele)

De Rossi, Nicoletta: Venezia al femminile. Milano: 2021 (Morellini)

Deschner, Karlheinz: Kriminalgeschichte des Christentums, Band 7: Das 13. und 14. Jahrhundert. Reinbek: 2002 (Rowohlt)

Distefano, Giovanni: Come nasce Venezia? Venezia: 2014 (Supernova)

---, Venezia secolo per secolo. Venezia: 2015 (Supernova)

---, Venezia. 1700 Anni di Storia 421 – 2021. 5 volumi. Venezia: 2021 (Supernova)

Echtermann, Andrea: Christine de Pizan und ihre Hauptwerke zur Frauenthematik. Archiv für philosophie- und theologiege-schichtliche Frauenforschung. 6: 1994, S. 1 - 75

Epiktet: Handbüchlein der Moral. Leipzig: 1909 (Kröner)

Ferrari Schiefer, Valeria: Lucretia Marinella: Die Schönheit der Frau, Abglanz des Göttlichen. Archiv für philosophie- und theo-logiegeschichtliche Frauenforschung. 2: 1985, 2000[2], S. 45 - 113

Fromm, Erich: Die Furcht vor der Freiheit (1941). Gesamtaus-gabe Band 1, S. 215 - 392. Stuttgart: 1980 (DVA)

Fuhrmann, Horst: Einladung ins Mittelalter. München: 2009[4] (Beck)

Gadebusch Bondio, Mariacarla: Fragmente einer weiblichen Wissenschaftsgeschichte: Isabella Cortese und ihre Secreti, ein Rezeptbuch des 16. Jahrhunderts. Querelles, Jahrbuch für Frau-enforschung: 1: 1996, S. 123-141

Galavotti, Enrico; Giovanni **Vian**; Fabio **Tonizzi**: Roncalli e Luci-ani. Venezia: 2012 (Marcianum)

Gandini, Marco: Scorreva l'anno 421 … Venezia, dov'era? Ve-nezia: 2022 (Supernova)

Gaulke, Jürgen: John Stuart Mill. Reinbek: 1996 (Rowohlt)

Graziani, Antonietta: Gaspara Stampa e la Lirica del Quinque-cento. Rocca San Casciano: 1893 (Cappelli)

Gregorin, Cristina; Norbert **Heyl**: Ketzerisches Venedig. München: 2018 (Claudius)

Grober, Ulrich: Die Entdeckung der Nachhaltigkeit. Müchen: 2013 (Kunstmann)

Hattenbach, Katharina: Io Donna mi sono posta a scrivere. Regensburg: 2021 (Schnell & Steiner). Schriftenreihe des deutschen Studienzentrums in Venedig

Hausstedt, Birgit: Das schöne Gegengewicht der Welt. Mit Rilke durch Venedig. Berlin: 2017² (Insel)

Hawes, James: Die kürzeste Geschichte Englands. Berlin: 2021³ (Ullstein, Or.: The shortest History of England, London: 2020, Old Street Publishing)

Heller, Kurt: Venedig. Recht, Kultur und Leben in der Republik 697 - 1797. Wien: 1999 (Böhlau)

Huber, Mara; Elisabeth **Gössmann**: Arcangela Tarabotti: La Semplicità Ingannata. Archiv für philosophie- und theologiegeschichtliche Frauenforschung. 6: 1994, S. 109 - 134

Huse, Norbert: Venedig. Von der Kunst, eine Stadt im Wasser zu bauen. München: 2008² (Beck)

Jary, Micaela: Die Pastellkönigin. München: 2005 (Droemer)

Jetter, Dieter: Grundzüge der Geschichte des Irrenhauses. Darmstadt: 1981 (WBG)

Kaufmann, Rolf Dieter. Logbuch für Venedig oder: Bündnis Christine de Pizan für freie Frauen in Venedig. Hamburg: 2020 (Tredition)

Kramer, Johann: Kein Deich. Kein Land. Kein Leben. Leer: 1989 (Rautenberg)

Kretschmayr, Heinrich: Geschichte von Venedig. 3 Bände. Gotha/Leipzig: I: 1905; II: 1920; III: 1934 (Perthes)

Krieger, Karl-Friedrich: Geschichte Englands, Band 1. München: 2018 (Beck)

Kuenzle, Dominique; Michael **Schefczyk**: John Stuart Mill zur Einführung. Hamburg: 2009 (Junius)

Kusch, Clemens F.; Anabel Gelhaar: Architekturführer Venedig. Bauten und Projekte nach 1950. Berlin: 2018 (DOM Publishers)

Laube, Martin (Hg.): Freiheit. Tübingen: 2017 (Mohr-Siebeck)

Lorenzon, Bruno: Che a piasa, che a tasa, che a staga casa. Silea: 2018^4 (Piazza Editore)

Lea, Henry Charles: Geschichte der Inquisition im Mittelalter. Frankfurt: 1997 (Eichborn, Orig.: Philadelphia, 1887)

Luther, Martin: Von der Freiheit eines Christenmenschen. Schriften Band I. Berlin: 2014 (Insel, Verlag der Weltreligionen), S. 311 - 332

Mancuso, Franco: Venezia è una città. Come è stata costruita e come vive. Venezia: 2009 (Corte del Fontego Editore)

Masson, Georgina: Kurtisanen der Renaissance. Tübingen: 1975 (Wunderlich; Orig.: Courtesans of the Italian Renaissance, London: 1974, Secker)

Matti, Angela: Kurtisanen im Venedig des 16. Jahrhunderts. Norderstedt: 2005 (Grin)

Maurer, Michael: Geschichte Englands. Ditzingen: 2020^4 (Reclam)

Meier, Christian: Die Entstehung des Politischen bei den Griechen. Aufsätze. Frankfurt: 1980 (Suhrkamp)

Meier, Mischa: Geschichte der Völkerwanderung. München: 2020^6 (Beck)

Monnier, Phillipe: Venedig im achtzehnten Jahrhundert. Berlin: 2021 (Andere Bibliothek, Orig.: Venise au XVIIIe siècle, Paris: 1907, Perrin)

Mill, John Stuart: Über die Freiheit (1859). Ditzingen: 2010 (Reclam)

---, Betrachtungen über die Repräsentativregierung (1861). Berlin: 2013 (Suhrkamp)

---, Der Utilitarismus (1869). Ditzingen: 2006 (Reclam)

Mill, John Stuart; Harriet **Taylor Mill**: Die Unterwerfung der Frauen. Ditzingen: 2020 (Reclam)

Nida-Rümelin, Julian: Über menschliche Freiheit. Ditzingen: 2005 (Reclam)

---, Demokratie und Wahrheit. München: 2006 (Beck)

---, Philosophie und Lebensform. Frankfurt: 2009 (Suhrkamp)

---, Freiheit, Staat und Steuern. Die Neue Gesellschaft / Frankfurter Hefte, 9/2010, 4 - 9

---, Humanistische Reflexionen. Berlin: 2016 (Suhrkamp)

---, Vom Wert des Lebens und der Freiheit. München: 2018 (KomplettMedia)

---, Die gefährdete Rationalität der Demokratie. Hamburg: 2020a (Edition Körber)

---, Eine Theorie praktischer Vernunft. Berlin: 2020b (de Gruyter)

Nida-Rümelin, Julian; Wolfgang **Thierse** (Hg.): Philosophie und Politik. Für eine Politik der Würde. Kulturforum der Sozialdemokratie, Band 8. Essen: 2001 (Klartext)

Norwich, John Julius: Storia di Venezia dalle origini al 1400. Milano: 1977 (Mursia)

Nozick, Robert: Anarchie Staat Utopia. München: 1978 (MVG, Orig.: Anarchy State Utopia, New York, Basic Books)

---, Vom guten, richtigen und glücklichen Leben. München: 1993² (dtv)

Platon: Sämtliche Werke. Band 2: Politeia. Heidelberg: 1950 (Lambert Schneider)

Plebani, Tiziana, Storia di Venezia, città delle donne. Venezia: 2008 (Marsilio)

Rinderle, Peter: John Stuart Mill. München: 2000 (Beck)

Rollig, Stella (Hg.): Viva Venezia! Die Erfindung Venedigs im 19. Jahrhundert. Wien: 2022 (Walther König)

Scandeletti, Paolo: Geschichte von Venedig. Pordenone: 2015 (Edizioni Biblioteca dell'Immagine)

Scarabello, Giovanni: Meritrices. Storia delle prostituzione a Venezia tra il XIII e il XVIII secolo. Venezia: 2008 (Supernova)
---, Venezia tre figlie della Repubblica: Bianca Cappello, Veronica Franco ,Arcangela Tarabotti. Venezia: 2013 (Supernova)
Scheppe, Wolfgang; (Hg.): Migropolis. Venice/Atlas of Global Situation. Comune di Venezia: 2018
Schink, Philipp (Hg.): Freiheit. Berlin: 2017 (Suhrkamp)
Schott, Heinz; Rainer **Tölle**: Geschichte der Psychiatrie. München: 2006 (Beck)
Scruzzi, Davide: Eine Stadt denkt sich die Welt. Berlin: 2010 (Akademie Verlag), Schriftenreihe des deutschen Studienzentrums in Venedig
Slimani, Leïla: Der Duft der Blumen bei Nacht. München: 2022 (Luchterhand, Or.: Le parfum des fleurs la nuit. Paris: 2021, Editions Stock)
Skinner, Quentin: Niccolò Machiavelli. Hamburg: 2013[6] (Junius, orig.: Oxford: 1990, OUP)
Stampa, Gaspara: Sonette. Mainz: 2002 (Dietrichsche Verlagsbuchhandlung)
Steinvorth, Ulrich: Freiheitstheorien in der Philosophie der Neuzeit. Darmstadt: 2007[2] (WBG)
Stirner, Max: Der Einzige und sein Eigentum. Hamburg: 2005 (Area)
Tiveron, Elisabetta: La prostituzione a Venezia nell'ottocento. Spinea: 2015 (Helvetia)
Toso Fei, Alberto: Venezia in Numeri. Una storia millenaria. Treviso: 2021 (Editoriale Programma)
Vauchez, André: Christen und Nichtchristen. In: **Mayeur**, Jean Marie et. Al. (Hg.), Die Geschichte des Christentums, Band 5: Machtfülle des Papsttums, S. 754-795. Freiburg: 1994 (Herder, Orig.: Paris: 1993, Descleé)
Vössing, Konrad: Das Königreich der Vandalen. Darmstadt: 2014 (WBG)

Yallop, David A.: Im Namen Gottes? Der mysteriöse Tod des 33-Tage-Papstes Johannes Paul I. München: 1984 (Droemer Knaur, Orig.: In God's Name, 1984)

Wagenknecht, Sahra: Reichtum ohne Gier. Frankfurt: 2016 (Campus)

Zwiedineck-Südenhorst, Hans von: Venedig als Weltmacht und Weltstadt. Bielefeld, Leipizig: 1899 (Velhagen und Klasing)

Zordan, Girogio et mult. al. (Hg.): Società, economia, istituzioni. Elementi per la conoscenza della Repubblica Veneta. 2 volumi. Verona: 2002 (Cieri)

Zorzi, Alvise: Venedig. Die Geschichte der Löwenrepublik. Düsseldorf: 1985 (Claassen, Orig.: La Repubblica del Leone. Storia di Venezia. Milano: 1979, Rusconi)

---, Canal grande. Biographie einer Wasserstraße. Düsseldorf: 1993 (Claassen, Orig.: Venezia. Il canal grande. Treviso, 1990, Vianello)

Autor:

Dr. Christoph Lanzendörfer ist Internist und Psychotherapeut. Er lebte noch in der Gunst, an einer Universität in alle Fächer hineinriechen zu können und war deshalb häufiger Gast in den philosophischen und theologischen Seminaren der Universität Bonn.

Er ist politisch engagiert im Rat der Stadt Bassum, dort Vorsitzender der SPD-Fraktion und ist u.a. ehrenamtlich engagiert bei der AWO, ASB, der Ärzteselbstverwaltung. Seine Hobbies sind Radfahren, Venedig und Fotografieren, am liebsten alles zusammen.

Interessant findet er das Zusammenführen von historischen Persönlichkeiten (auch wenn es sich hier um eine Stadt handelt) und philosophischen Grundideen dazu. Daraus sind 2021 entstanden die Essais „Caligula - Von Macht und Ohnmacht", „Hatschepsut - Von Liebe und Gleichgültigkeit", „Antonio Gramsci - Von Hegemonie und Geist" und 2022 bisher „Julian Apostata - Von Pflicht und Müßiggang". Ideen u.a. zu Giordano Bruno und Kaiser Friedrich II liegen noch vor.

Nur zum eigenen Vergnügen und um Freunde damit zu belästigen hat Christoph Lanzendörfer bisher sechs Romane und einen Erzählband ohne Veröffentlichungswunsch geschrieben.

Er ist u.a. Mitglied der Erich-Fromm-Gesellschaft und Mitglied im Förderkreis der Giordano-Bruno-Stiftung.